DE L'INFLUENCE DES PASSIONS SUR LE BONHEUR DES INDIVIDUS ET DES NATIONS

MADAME DE STAËL

TABLE DES MATIÈRES

SECTION PREMIÈRE : DES PASSIONS

SECTION II : DES SENTIMENS QUI SONT L'INTERMÉDIAIRE ENTRE LES PASSIONS, ET LES RESSOURCES QU'ON TROUVE EN SOI

SECTION III : DES RESSOURCES QU'ON TROUVE EN SOI

GERMAINE DE STAËL

1766-1817

AVANT-PROPOS

On pensera, peut-être, qu'il y a de l'empressement d'auteur à faire paraître la première partie d'un livre quand la seconde n'est pas encore faite ; d'abord, malgré la connexion de ces deux parties entre elles, chacune peut être considérée comme un ouvrage séparé ; mais il est possible aussi que, condamnée à la célébrité, sans pouvoir être connue, j'éprouve le besoin de me faire juger par mes écrits. Calomniée sans cesse, et me trouvant trop peu d'importance pour me résoudre à parler de moi, j'ai du céder à l'espoir qu'en publiant ce fruit de mes méditations, je donnerais quelque idée vraie des habitudes de ma vie et de la nature de mon caractère.

Lausanne ce 1er Juillet 1796.

INTRODUCTION

Q uelle époque ai-je choisi pour faire un traité sur le
bonheur des individus et des nations ! Est-ce au milieu
d'une crise dévorante qui atteint toutes les destinées,
lorsque la foudre se précipite dans le fond des vallées,
comme sur les lieux élevés ? Est-ce dans un temps où il suffit de
vivre pour être entraîné par le mouvement universel, où jusqu'au
sein même de la tombe le repos peut être troublé, les morts jugés de
nouveau, et leurs urnes populaires tour à tour admises ou rejetées
dans le temple où les factions croyaient donner l'immortalité ? Oui,
c'est dans ce siècle, c'est lorsque l'espoir ou le besoin du bonheur a
soulevé la race humaine ; c'est dans ce siècle surtout qu'on est
conduit à réfléchir profondément sur la nature du bonheur individuel et politique, sur sa route, sur ses bornes, sur les écueils qui
séparent d'un tel but. Honte à moi cependant si, durant le cours de
deux épouvantables années, si pendant le règne de la terreur en
France, j'avais été capable d'un tel travail ; si j'avais pu concevoir un
plan, prévoir un résultat à l'effroyable mélange de toutes les atrocités humaines. La génération qui nous suivra examinera peut-être
aussi la cause et l'influence de ces deux années ; mais nous, les
contemporains, les compatriotes des victimes immolées dans ces
jours de sang, avons-nous pu conserver alors le don de généraliser
les idées, de méditer des abstractions, de nous séparer un moment
de nos impressions pour les analyser ? Non, aujourd'hui même
encore, le raisonnement ne saurait approcher de ce temps incom-

mensurable. Juger ces évènements, de quelques noms qu'on les désigne, c'est les faire rentrer dans l'ordre des idées existantes, des idées pour lesquelles il y avait déjà des expressions. À cette affreuse image tous les mouvements de l'ame se renouvellent, on frisonne, on s'enflamme, on veut combattre, on souhaite de mourir, mais la pensée ne peut se saisir encore d'aucun de ces souvenirs ; les sensations qu'ils font naître absorbent toute autre faculté. C'est donc en écartant cette époque monstrueuse, c'est à l'aide des autres évènements principaux de la révolution de France et de l'histoire de tous les peuples, que j'essayerai de réunir des observations impartiales sur les gouvernements, et si ces réflexions me conduisent à l'admission des premiers principes sur lesquels se fondent la constitution républicaine de France, je demande que, même au milieu des fureurs de l'esprit de parti qui déchirent la France, et par elle le reste du monde, il soit possible de concevoir que l'enthousiasme de quelques idées n'exclut pas le mépris profond pour certains hommes, et que l'espoir de l'avenir se concilie avec l'exécration du passé. Alors même que le cœur est à jamais déchiré par les blessures qu'il a reçues, l'esprit peut encore, après un certain temps, s'élever à des méditations générales. On doit considérer à présent ces grandes questions qui vont décider de la destinée politique de l'homme, dans leur nature même, et non sous le rapport seul des malheurs qui les ont accompagnées ; il faut examiner du moins, si ces malheurs sont de l'essence même des institutions qu'on veut établir en France, ou si les effets de la révolution ne sont pas absolument distincts de ceux de la constitution ; enfin, on doit se confier assez à l'élévation de son ame pour ne pas craindre, en examinant des pensées, d'être soupçonné d'indifférence pour les crimes. C'est avec la même indépendance d'esprit, que j'ai tâché, dans la première partie de cet ouvrage, de peindre les effets des passions de l'homme sur son bonheur personnel. Je ne sais pourquoi il serait plus difficile d'être impartial dans les questions de politique que dans les questions de morale : certes les passions influent autant que les gouvernements sur le sort de la vie, et cependant dans le silence de la retraite on discute avec sa raison les sentiments qu'on a soi-même éprouvés ; il me parait qu'il ne doit pas en coûter plus, pour parler philosophiquement des avantages ou des inconvénients des républiques et des monarchies, que pour analyser avec exactitude l'ambition, l'amour, ou telle autre passion qui a décidé de votre existence. Dans les deux parties de cet ouvrage, j'ai également cherché à ne me servir que de ma pensée, à la dégager de toutes les impressions du moment, on verra si j'ai réussi.

Les passions, cette force impulsive qui entraîne l'homme indépendamment de sa volonté, voilà le véritable obstacle au bonheur individuel et politique. Sans les passions, les gouvernements seraient une machine aussi simple que tous les leviers dont la force est proportionnée au poids qu'ils doivent soulever, et la destinée de l'homme ne serait composée que d'un juste équilibre entre les désirs, et la possibilité de les satisfaire. Je ne considérerai donc la morale et la politique que sous le point de vue des difficultés que les passions leur présentent ; les caractères qui ne sont point passionnés se placent d'eux-mêmes dans la situation qui leur convient le mieux, c'est presque toujours celle que le hazard leur a désignée, ou s'ils y apportent quelque changement, c'est seulement dans ce qui s'offre le plus facilement à leur portée. Laissons-les donc dans leur calme heureux, ils n'ont pas besoin de nous, leur bonheur est aussi varié en apparence que les différents lots qu'ils ont reçu de la destinée ; mais la base de ce bonheur est toujours la même, c'est la certitude de n'être jamais ni agité ni dominé par aucun mouvement plus fort que soi ; l'existence de ces êtres impassibles est soumise sans doute comme celle de tous les hommes aux accidents matériels qui renversent la fortune, détruisent la santé, etc. Mais c'est par des calculs positifs et non par des pensées sensibles ou morales qu'on éloigne ou prévient de semblables peines ; le bonheur des caractères passionnés au contraire, étant tout-à-fait dépendant de ce qui se passe au-dedans d'eux, ils sont les seuls qui trouvent quelque soulagement dans les réflexions qu'on peut faire naître dans leur ame. Leur entraînement naturel les exposant aux plus cruels malheurs, ils ont plus besoin du système qui a pour but unique d'éviter la douleur. Enfin, les caractères passionnés sont les seuls qui, par de certains points de ressemblance, peuvent être tous l'objet des mêmes considérations générales. Les autres vivent un à un, sans analogie comme sans variété, leur existence est monotone, quoique chacun d'eux ait un but différent, et il y a autant de nuances que d'individus, sans qu'on puisse découvrir une véritable couleur. Si dans le traité sur le bonheur individuel, je ne parle que des caractères passionnés, il est encore plus naturel d'analyser les gouvernements sous le rapport de la part qu'ils laissent à l'influence des passions. On peut considérer un individu comme exempt de passions, mais une collection d'hommes est composée d'un nombre certain de caractères de tous les genres qui donnent un résultat à-peu-près pareil ; il faut observer que les circonstances les plus dépendantes du hasard, sont soumises à un calcul positif quand les chances se multiplient. Dans le canton de Berne, par exemple, on a remarqué que tous les dix ans il y avait à-peu-près la même quantité de divorces ; il y a des villes d'Italie où l'on calcule avec exactitude combien d'assassinats se commettent régulièrement tous les ans ; ainsi les évènements qui tiennent à une multitude de combinaisons diverses ont un retour périodique, une proportion fixe, quand les observations sont le résultat d'un grand nombre de chances. C'est ce qui doit conduire à penser que la science politique peut acquérir un jour une évidence géométrique. La morale, chaque fois qu'elle s'applique à tel homme en particulier, peut se tromper entièrement dans ses suppositions par rapport à lui ; l'organisation d'une constitution se fonde toujours sur des données fixes, puisque le grand nombre en tout genre amène des résultats toujours semblables, et toujours prévus. Les passions sont la plus grande difficulté des gouvernements ; cette vérité n'a pas besoin d'être développée, on voit aisément que toutes les combinaisons sociales les plus despotiques, conviendraient également à des hommes inertes qui seraient contents de rester à la place que le sort leur aurait fixée, et que la théorie démocratique la plus abstraite serait praticable au milieu d'hommes sages uniquement conduits par leur raison. Le seul problème des constitutions est donc de connaître jusques à quel degré on peut exciter ou comprimer les passions, sans compromettre le bonheur public.

Avant d'aller plus loin l'on demanderait, peut-être, une définition du bonheur ; le bonheur, tel qu'on le souhaite, est la réunion de tous les contraires, c'est pour les individus, l'espoir sans la crainte, l'activité sans l'inquiétude, la gloire sans la calomnie, l'amour sans l'inconstance, l'imagination qui embellirait à nos yeux ce qu'on possède, et flétrirait le souvenir de ce qu'on aurait perdu ; enfin, l'inverse de la nature morale, le bien de tous les états, de tous les talents, de tous les plaisirs, séparé du mal qui les accompagne ; le bonheur des nations serait aussi de concilier ensemble la liberté des républiques et le calme des monarchies, l'émulation des talents et le silence des factions, l'esprit militaire au-dehors et le respect des lois au-dedans : le bonheur, tel que l'homme le conçoit, c'est ce qui est impossible en tout genre ; et le bonheur, tel qu'on peut l'obtenir, le bonheur sur lequel la réflexion et la volonté de l'homme peuvent agir, ne s'acquiert que par l'étude de tous les moyens les plus sûrs pour éviter les grandes peines. C'est à la recherche de ce but que ce livre est destiné.

Deux ouvrages doivent se trouver dans un seul ; l'un étudie l'homme dans ses rapports avec lui-même, l'autre dans les relations sociales de tous les individus entr'eux ; quelque analogie se trouve dans les idées principales de ces deux traités, parce qu'une nation présente le caractère d'un homme, et que la force du gouvernement doit agir sur elle, comme la puissance de la raison d'un individu sur lui-même. Le philosophe veut rendre durable la volonté passagère de la réflexion ; l'art social tend à perpétuer l'action de la sagesse ; enfin ce qui est grand se retrouve dans ce qui est petit, avec la même exactitude de proportions : l'univers tout entier se peint dans chacune de ses parties, et plus il paraît l'œuvre d'une seule idée, plus il inspire d'admiration.

Une grande différence, cependant, existe entre le système du bonheur de l'individu et celui du bonheur des nations ; c'est que dans le premier, on peut avoir pour but l'indépendance morale la plus parfaite, c'est-à-dire, l'asservissement de toutes les passions, chaque homme pouvant tout tenter sur lui-même ; mais que dans le second, la liberté politique doit toujours être calculée, d'après l'existence positive et indestructible d'une certaine quantité d'êtres passionnés, faisant partie du peuple qui doit être gouverné. La première partie est uniquement consacrée aux réflexions sur la destinée particulière de l'homme. La seconde partie doit traiter du sort constitutionnel des nations. Le premier volume est divisé en trois sections ; la première traite successivement de l'influence de chaque passion sur le bonheur de l'homme ; la seconde analyse le rapport de quelques affections de l'ame avec la passion ou avec la raison ; la troisième offre le tableau des ressources qu'on trouve en soi, de celles qui sont indépendantes du sort, et sur-tout de la volonté des autres hommes.

Dans la seconde partie, je compte examiner les gouvernements anciens et modernes sous le rapport de l'influence qu'ils ont laissée, aux passions naturelles aux hommes réunis en corps politique, et trouver la cause de la naissance, de la durée, et de la destruction des gouvernements, dans la part plus ou moins grande qu'ils ont faite au besoin d'action qui existe dans toute société. Dans la première section de la seconde partie, je traiterai des raisons qui se sont opposées à la durée et sur-tout au bonheur des gouvernements, où toutes les passions ont été comprimées. – Dans la seconde section, je traiterai des raisons qui se sont opposées au bonheur et sur-tout à la durée des gouvernements, où toutes les passions ont été excitées. – Dans la troisième section, je traiterai des raisons qui détournent la plupart des hommes de se borner à l'enceinte des petits États, où la liberté démocratique peut exister, parce que là les passions ne sont point excitées par aucun but, par aucun théâtre propre à les enflammer. Enfin, je terminerai cet ouvrage par des réflexions sur la nature des constitutions représentatives, qui peuvent concilier une partie des avantages regrettés dans les divers gouvernements.

Ces deux ouvrages conduisent nécessairement l'un à l'autre ; car si l'homme parvenait individuellement à dompter ses passions, le système des gouvernements se simplifierait tellement qu'on pourrait alors adopter, comme praticable, l'indépendance complète, dont l'organisation des petits États est susceptible. Mais quand cette théorie métaphysique serait impossible, au moins, il est vrai, que plus l'on travaille à calmer les sentiments impétueux qui agitent l'homme au-dedans de lui, moins la liberté publique a besoin d'être modifiée ; ce sont toujours les passions qui forcent à sacrifier de l'indépendance pour assurer l'ordre, et tous les moyens qui tendent à rendre l'empire à la raison, diminuent le nombre nécessaire des sacrifices de liberté. – J'ai à peine commencé la seconde partie politique, dont je ne puis donner une idée par ce peu de mots. En m'en occupant, je vois qu'il faut long-temps pour réunir toutes les connaissances, pour faire toutes les recherches qui doivent servir de base à ce travail ; mais si les accidents de la vie ou les peines du cœur bornaient le cours de ma destinée, je voudrais qu'un autre accomplît le plan que je me suis proposé. En voici quelques aperçus incomplets qui ne permettent pas de juger de l'ensemble.

Il faudrait d'abord, en analysant les gouvernements anciens et modernes, chercher dans l'histoire des nations ce qui appartient seulement à la nature de la constitution qui les dirigeait. Montesquieu, dans son sublime ouvrage *sur les causes de la grandeur et de la décadence des Romains*, a traité, tout ensemble, les causes diverses qui ont influé sur le sort de cet Empire ; il faudrait apprendre dans son livre, et démêler dans l'histoire de tous les autres peuples, les évènements qui sont la suite immédiate des constitutions, et peut-être trouverait-on que tous les évènements dérivent de cette cause : les nations sont élevées par leur gouvernement, comme les enfants par l'autorité paternelle. Et l'effet du gouvernement n'est pas incertain comme celui de l'éducation particulière, puisque, comme je l'ai déjà dit, les chances du hazard subsistent par rapport au caractère d'un homme, tandis que dans la réunion d'un certain nombre, les résultats sont toujours pareils. L'organisation de la puissance publique, qui excite ou comprime l'ambition, rend telle ou telle religion plus ou moins nécessaire, tel ou tel code pénal trop indulgent ou trop sévère, telle étendue de pays dangereuse ou convenable ; enfin c'est de la manière dont les peuples conçoivent l'ordre social, que dépend le destin de la race humaine sous tous les rapports. La plus grande perfectibilité dont elle puisse être susceptible, c'est d'acquérir des idées certaines sur la science politique. Si les nations étaient en paix au-dehors et au-dedans, les arts, les connaissances, les découvertes en divers genres feraient chaque jour de nouveaux progrès, et la philosophie ne perdrait pas en deux ans de guerre civile, ce qu'elle avait acquis pendant des siècles tranquilles. Après avoir bien établi l'importance première de la nature des constitutions, il faudrait prouver leur influence par l'examen des faits caractéristiques de l'histoire des mœurs, de l'administration, de la littérature, de l'art militaire de tous les peuples. J'étudierai d'abord les pays, qui dans tous les temps ont été gouvernés despotiquement, et motivant leurs différences apparentes, je montrerai que leur histoire, sous le rapport des causes et des effets, a toujours été parfaitement semblable ; et j'expliquerai quel effet doit constamment produire sur les hommes, la compression de leurs mouvements naturels par une force au-dehors d'eux, et à laquelle leur raison n'a pu donner aucun genre de consentement. Dans l'examen des anarchies démagogiques ou militaires, il faut montrer aussi que ces deux causes, qui paraissent opposées, donnent des résultats pareils, parce que dans les deux états, les passions politiques sont également excitées parmi les hommes par l'éloignement de toutes les craintes positives, et l'activité de toutes les espérances vagues. Dans l'étude de certains États, qui par leurs circonstances, encore plus que par leur petitesse, sont dans l'impossibilité de jouer un grand rôle au-dehors, et n'offrent point au-dedans de place qui puisse contenter l'ambition et le génie, il faudrait observer comment l'homme tend à l'exercice de ses facultés, comment il veut agrandir l'espace en proportion de ses forces. Dans les États obscurs, les arts ne font aucun progrès, la littérature ne se perfectionne, ni par l'émulation qui excite l'éloquence, ni par la multitude des objets de comparaison, qui seule donne une idée fixe du bon goût. Les hommes, privés d'occupations fortes, se resserrent tous les jours plus dans le cercle des idées domestiques, et la pensée, le talent, le génie, tout ce qui semble des dons de la nature, ne se développe cependant que par la combinaison des sociétés ; le même nombre d'hommes divisé, séparé, sans mobile et sans but, n'offre pas un génie supérieur, une ame ardente, un caractère énergique ; tandis que dans d'autres pays, parmi les mêmes êtres, plusieurs se seraient élevés au-dessus de la classe commune, si le but avait fait naître l'intérêt, et l'intérêt l'étude, et la recherche des grands moyens et des grandes pensées.

Sans s'arrêter longtemps sur les motifs de la préférence que la sagesse conseillerait, peut-être, de donner aux États comme aux destinées obscures, il est aisé de prouver que par la nature même des hommes, ils tendent à sortir de cette situation, qu'ils se réunissent pour multiplier les chocs, qu'ils conquèrent pour étendre leur puissance ; enfin, que voulant exciter leurs facultés, reculer en tout genre les bornes de l'esprit humain, ils appellent autour d'eux d'un commun accord les circonstances qui secondent ce désir, et cette impulsion. Ces diverses réflexions ne pourraient avoir de prix qu'en les appuyant sur des faits, sur une connaissance détaillée de l'histoire, qui présente toujours des considérations nouvelles, quand on l'étudie avec un but déterminé, et que guidé, par l'éternelle ressemblance de l'homme avec l'homme, on recherche une même vérité à travers la diversité des lieux et des siècles. Ces différentes réflexions conduiraient enfin au principal but des débats actuels, à la manière de constituer une grande nation avec de l'ordre et de la liberté, et de réunir ainsi la splendeur des beaux arts, des sciences et des lettres, tant vantées dans les monarchies, avec l'indépendance des républiques ; il faudrait créer un gouvernement qui donna de l'émulation au génie, et mit un frein aux passions factieuses ; un gouvernement qui put offrir à un grand homme un but digne de lui, et décourager l'ambition de l'usurpateur ; un gouvernement qui présenta, comme je l'ai dit, la seule idée parfaite de bonheur en tout genre, la réunion des contrastes. Autant le moraliste doit rejeter cet espoir, autant le législateur doit tâcher de s'en rapprocher : l'individu qui prétend pour lui-même à ce résultat, est un insensé ; car le sort qui n'est pas dans sa main déjoue de toutes les manières de telles espérances ; mais les gouvernements tiennent, pour, ainsi dire, la place du sort par rapport aux nations ; comme ils agissent sur la masse, leurs effets, et leurs moyens sont assurés. Il ne s'en suit pas qu'il faut croire à la perfection dans l'ordre social ; mais il est utile pour les législateurs de se proposer ce but, de quelque manière qu'ils conçoivent sa route. Dans cet ouvrage donc que je ferai, ou que je voudrais qu'on fît, il faudrait mettre absolument de côté tout ce qui tient à l'esprit de parti ou aux circonstances actuelles, la superstition de la royauté, la juste horreur qu'inspirent les crimes dont nous avons été les témoins, l'enthousiasme même de la république, ce sentiment qui dans sa pureté est le plus élevé que l'homme puisse concevoir. Il faudrait examiner les institutions dans leur essence même, et convenir qu'il n'existe plus qu'une grande question qui divise encore les penseurs ; savoir, si dans la combinaison des gouvernements mixtes, il faut, ou non, admettre l'hérédité. On est d'accord, je pense, sur l'impossibilité du despotisme, ou de l'établissement de tout pouvoir qui n'a pas pour but le bonheur de tous ; on l'est aussi, sans doute, sur l'absurdité d'une constitution démagogique, qui bouleverserait la société au nom du peuple qui la compose. Mais les uns croient que la garantie de la liberté, le maintien de l'ordre, ne peut subsister qu'à l'aide d'une puissance héréditaire, et conservatrice ; les autres, reconnaissent de même la vérité du principe, que l'ordre seul, c'est-à-dire l'obéissance à la justice, assure la liberté : mais ils pensent que ce résultat peut s'obtenir sans un genre d'institutions que la nécessité seule peut faire admettre, et qui doivent être rejetées par la raison, si la raison prouve, qu'elles ne servent pas mieux que les idées naturelles, au bonheur de la société. C'est sur ces deux questions, il me semble, que tous les esprits devraient s'exercer : il faut les séparer absolument de ce que nous avons vû, et même de ce que nous voyons, enfin de tout ce qui appartient à la révolution ; car, comme on l'a fort bien dit, il faut que cette révolution finisse *par le raisonnement*, et il n'y a de vaincu que les hommes persuadés. Loin donc de ceux qui ont quelque valeur personnelle, toutes les dénominations d'esclaves et de factieux, de conspirateurs et d'anarchistes, prodiguées aux simples opinions ; les actions doivent être soumises aux lois : mais l'univers moral appartient à la pensée ; quiconque se sert de cette arme, méprise toutes les autres, et l'homme qui l'emploie est par cela seul incapable de s'abaisser à d'autres moyens. – Plusieurs ouvrages de très-bons auteurs renferment des raisons en faveur de l'hérédité modifiée, ou comme en Angleterre, c'est-à-dire, composant deux branches du gouvernement, dont le troisième pouvoir est purement représentatif ; ou comme à Rome, lorsque la puissance politique était divisée entre la démocratie et l'aristocratie, le peuple et le sénat ; il faudrait donc déduire tous les motifs qui ont fait croire que la balance de ces intérêts opposés, pouvait seule donner de la stabilité aux gouvernements ; que l'homme qui se croit des talents, ou se voit de l'autorité, tendant naturellement, d'abord aux distinctions personnelles, et ensuite aux distinctions héréditaires, il vaut mieux créer légalement ce qu'il conquérera de force. Il faudrait développer et ces raisons, et beaucoup d'autres encore, exceptant de part et d'autre celles qu'on croit tirer du droit pour ou contre ; car le droit en politique, c'est ce qui conduit le plus sûrement au bonheur général ; mais l'on doit exposer sincèrement tous les moyens de ses adversaires quand on les combat de bonne foi.

On pourrait opposer à leurs raisonnements, que la principale cause de la destruction de plusieurs gouvernements a été d'avoir constitué dans l'État deux intérêts opposés : on a considéré comme le chef-d'œuvre de la science des gouvernements de mesurer assez les deux actions contraires, pour que la puissance aristocratique et démocratique se balança, comme deux lutteurs qu'une égale force rend immobiles. En effet, le moment le plus prospère dans tous ces gouvernements est celui où cette balance, subsistant d'une manière parfaite, donne le repos qui naît de deux efforts contenus l'un par l'autre, mais cet état ne peut être durable. À l'instant, où pour suivre la comparaison, l'un des deux lutteurs perd un moment l'avantage, il terrasse l'autre qui se venge en le renversant à son tour. Ainsi l'on a vû la république Romaine déchirée, dès qu'une guerre, un homme, ou le temps seul a rompu l'équilibre. – On dira qu'en Angleterre il y a trois intérêts, et que cette combinaison plus savante, répond de la tranquillité publique. Il n'y a jamais trois intérêts dans un tel gouvernement, les privilégiés héréditaires et ceux qui ne le sont pas, peuvent être revêtus de noms différents ; mais la division se fait toujours sur ces deux bases, l'on se sépare et l'on se rallie, d'après ces deux grands motifs d'opposition. Ne serait-il pas possible que le genre humain, témoin et victime de ce principe de haine, de ce germe de mort qui a détruit tant d'États, put chercher et trouver la fin du combat de l'aristocratie et de la démocratie, et qu'au lieu de s'attacher à la combinaison d'une balance, qui par son avantage même, par la part qu'elle accorde à la liberté, finit toujours par être renversée : on examina, si l'idée moderne du système représentatif n'établit pas dans le gouvernement, un seul intérêt, un seul principe de vie, en rejetant toutefois tout ce qui peut conduire à la démocratie ?

Supposez d'abord un très-petit nombre d'hommes extraits d'une nation immense, une élection combinée, et par deux degrés, et par l'obligation d'avoir passé successivement dans les places qui font connaître les hommes et exigent, et de l'indépendance de fortune, et des droits à l'estime publique pour s'y maintenir. Cette élection ainsi modifiée, n'établirait-elle pas l'aristocratie des meilleurs, la prééminence des talents, des vertus et des propriétés ? Ce genre de distinction qui, sans faire deux classes de droit, c'est-à-dire deux ennemis de fait, donne aux plus éclairés la conduite du reste des hommes, et faisant choisir les êtres distingués par la foule de leurs inférieurs, assure au talent sa place, et à la médiocrité sa consolation ; donne une part à l'amour-propre du vulgaire dans les succès des gouvernants qu'ils ont choisis ; ouvre la carrière à tous, mais n'y amène que le petit nombre. L'avantage de l'aristocratie de naissance, c'est la réunion des circonstances qui rendent plus probables dans une telle classe les sentiments généreux : l'aristocratie de l'élection doit, alors que sa marche est sagement graduée, apeler avec certitude les hommes distingués par la nature aux places éminentes de la société. – Ne serait-il pas possible que la division des pouvoirs donna tous les avantages et aucun des inconvénients de l'opposition des intérêts, que deux chambres, un directoire exécutif, quoique temporaire, fussent parfaitement distinctes dans leurs fonctions ; que chacun prit un parti différent par sa place, mais non par esprit de corps, ce qui est d'une toute autre nature ? Ces hommes, séparés pendant le cours de leurs magistratures, par les exercices divers du pouvoir public, se réuniraient ensuite dans la nation, parce qu'aucun intérêt contraire ne les séparerait d'une manière invincible. Ne serait-il pas possible qu'un grand pays, loin d'être un obstacle à un tel état de choses, fut particulièrement propre à sa stabilité ? parce qu'une conspiration, un homme, peuvent s'emparer tout-à-coup de la citadelle d'un petit État, et par cela seul changer la forme de son gouvernement, tandis qu'il n'y a qu'une opinion qui remue à la fois trente millions d'hommes, que tout ce qui n'est produit que par des individus, ou par une faction qui n'est point ralliée au mouvement public, est étouffé par la masse qui se porte sur chaque point. Il ne peut pas y avoir d'usurpateur dans un pays où il faudrait que le même homme rallia l'opinion à lui, depuis le Rhin jusqu'aux Pyrénées ; l'idée d'une constitution, d'un ordre légal consenti par tous, peut seule réunir et frapper à distance. Le gouvernement dans un grand pays a pour appui la masse énorme d'hommes paisibles ; cette masse est beaucoup plus considérable à proportion même, dans une grande nation, que dans un petit pays. Les gouvernants dans un petit pays sont beaucoup plus multipliés par rapport aux gouvernés, et la part de chacun, à une action quelconque, est plus grande et plus facile : enfin, si l'on répétait d'une manière vague, qu'on n'a jamais vu une constitution fondée sur de telles bases, qu'il vaut mieux adopter celles qui ont existé pendant des siècles ; on pourrait demander de s'arrêter à une réflexion qui mérite, je crois, une attention particulière.

Dans toutes les sciences humaines, on débute par les idées complexes, en se perfectionnant, l'on arrive aux idées simples ; l'ignorance absolue dans ces combinaisons naturelles est moins éloignée du dernier terme des connaissances, que les demi lumières. Une comparaison fera mieux sentir ma pensée : à la renaissance des lettres, les premiers écrits qu'on a composé, ont été pleins de recherche et d'affectation. Les grands écrivains, deux siècles après, ont admis et fait admettre le genre simple ; et le discours du sauvage qui s'écriait : *dirons-nous aux ossements de nos pères, levez-vous et marchez à notre suite ?* Ce discours avait plus de rapport avec la langue de Voltaire, que les vers empoulés de Brébeuf ou de Chapelain. En mécanique, on avait d'abord trouvé la machine de Marly, qui, avec des frais énormes, élevait l'eau sur le sommet d'une montagne ; après cette machine on a découvert des pompes qui produisent le même effet avec infiniment moins de moyens : sans vouloir faire d'une comparaison une preuve, peut-être que lorsqu'il y a cent ans en Angleterre, l'idée de la liberté reparut sur la terre ; l'organisation combinée du gouvernement Anglais était le plus haut point de perfection où l'on put atteindre alors ; mais aujourd'hui des bases plus simples peuvent donner en France, après la révolution, des résultats pareils à quelques égards, et supérieurs à d'autres, indépendamment de tous les crimes particuliers qui ont été commis, l'ordre social a été menacé de sa destruction pendant cette révolution par le système politique même qu'on avait adopté : les mœurs barbares sont plus près des institutions simples mal entendues, que des institutions compliquées ; mais il n'en est pas moins vrai que l'ordre social, comme toutes les sciences, se perfectionne à mesure qu'on diminue les moyens, sans affaiblir le résultat. Ces considérations, et beaucoup d'autres, conduiraient à un développement complet de la nature, et de l'utilité des pouvoirs héréditaires, faisant partie de la constitution ; et de la nature, et de l'utilité, des constitutions composées uniquement de magistratures temporaires. Car, il faut bien se le répéter, l'on est maintenant opposé sur ce point seul, le reste des opinions despotiques et démagogiques sont des songes exaltés ou criminels, dont tout ce qui pense s'est réveillé.

On ferait quelque bien, je crois, en traitant d'une manière purement abstraite, des questions dont les passions contraires se sont tour à tour emparées. En examinant la vérité, séparément des hommes et des temps, on arrive à une démonstration, qui se reporte ensuite avec moins de peine sur les circonstances présentes. À la fin d'un semblable ouvrage, cependant, sous quelque point de vue général que ces grandes questions fussent présentées, il serait impossible de ne pas finir par les particulariser dans leur rapport avec la France et le reste de l'Europe. Tout invite la France à rester république ; tout commande à l'Europe de ne pas suivre son exemple : l'un des plus spirituels écrits de notre temps, celui de Benjamin Constant, a parfaitement traité la question qui concerne la position actuelle de la France. Deux motifs de sentiment me frappent sur-tout ; voudrait-on souffrir une nouvelle révolution pour renverser celle qui établit la république ? et le courage de tant d'armées, et le sang de tant de héros serait-il versé au nom d'une chimère dont il ne resterait que le souvenir des crimes qu'elle a coutés.

La France doit persister dans cette grande expérience dont le désastre est passé, dont l'espoir est à venir. Mais peut-on assez inspirer à l'Europe l'horreur des révolutions ? Ceux qui détestent les principes de la constitution de France, qui se montrent les ennemis de toute idée libérale, et font un crime d'aimer jusqu'à la pensée d'une république, comme si les scélérats qui ont souillé la France pouvaient déshonorer le culte des Catons, des Brutus et des Sidney : ces hommes intolérants et fanatiques ne persuadent point par leurs véhémentes déclamations les étrangers philosophes ; mais que l'Europe écoute les amis de la liberté, les amis de la république Française, qui se sont hatés de l'adopter, dès qu'on l'a pu sans crime, dès qu'il n'en coûtait pas du sang pour la désirer. Aucun gouvernement monarchique ne renferme assez d'abus, maintenant, pour qu'un jour de révolution n'arrache plus de larmes que tous les maux qu'on voudrait réparer par elle. Désirer une révolution, c'est dévouer à la mort l'innocent et le coupable ; c'est, peut-être, condamner l'objet qui nous est le plus cher ! et jamais on n'obtient, soi-même, le but qu'à ce prix affreux on s'était proposé. Nul homme, dans ce mouvement terrible, n'achève ce qu'il a commencé ; nul homme ne peut se flatter de diriger une impulsion dont la nature des choses s'empare ; et cet Anglais qui voulut descendre dans sa barque la chute du Rhin à Schaffhouse, était moins insensé que l'ambitieux qui croirait pouvoir se conduire avec succès à travers une révolution toute entière. Laissez-nous en France combattre, vaincre, souffrir, mourir dans nos affections, dans nos penchants les plus chers, renaître ensuite, peut-être, pour l'étonnement et l'admiration du monde. Mais laissez un siècle passer sur nos destinées, vous saurez alors si nous avons acquis la véritable science du bonheur des hommes ; si le vieillard avait raison, ou si le jeune homme a mieux disposé de son domaine, l'avenir. Hélas ! n'êtes-vous pas heureux qu'une nation toute entière se soit placée à l'avant-garde de l'espèce humaine pour affronter tous les préjugés, pour essayer tous les principes ? Attendez, vous, génération contemporaine, éloignez encore de vous les haines, les proscriptions et la mort ; nul devoir ne pourrait exiger de tels sacrifices, et tous les devoirs, au contraire, font une loi de les éviter.

Qu'on me pardonne de m'être laissée entraîner au-delà de mon sujet, mais qui peut vivre, qui peut écrire dans ce temps, et ne pas sentir et penser sur la révolution de France.

J'ai tracé l'esquisse imparfaite de l'ouvrage que je projette. La première partie, que j'imprime à présent est fondée sur l'étude de son propre cœur, et les observations faites sur le caractère des hommes de tous les temps. Dans l'étude des constitutions, il faut se proposer pour but le bonheur, et pour moyen la liberté ; dans la science morale de l'homme, c'est l'indépendance de l'ame qui doit être l'objet principal, ce qu'on peut avoir de bonheur en est la suite. L'homme qui se vouerait à la poursuite de la félicité parfaite, serait le plus infortuné des êtres ; la nation qui n'aurait en vue que d'obtenir le dernier terme abstrait de la liberté métaphysique, serait la nation la plus misérable ; les législateurs doivent donc compter et diriger les circonstances, et les individus chercher à s'en rendre indépendants ; les gouvernements doivent tendre au bonheur réel de tous, et les moralistes doivent apprendre aux individus à se passer de bonheur. Il y a du bien pour la masse dans l'ordre même des choses, et cependant il n'est pas de félicité pour les individus ; tout concourt à la conservation de l'espèce, tout s'oppose aux désirs de chacun, et les gouvernements, à quelques égards, représentant l'ensemble de la nature, peuvent atteindre à la perfection dont l'ordre général offre l'exemple ; mais les moralistes, parlant aux

hommes individuellement, à tous ces êtres emportés dans le mouvement de l'univers, ne peuvent leur promettre avec certitude aucune
jouissance personnelle, que dans ce qui dépend toujours d'eux-
mêmes. Il y a de l'avantage à se proposer pour but de son travail sur
soi, la plus parfaite indépendance philosophique ; les essais même
inutiles, laissent encore après eux des traces salutaires ; agissant à la
fois sur son être tout entier, on ne craint pas, comme dans les expé-
riences sur les nations, de disjoindre, de séparer, d'opposer l'un à
l'autre toutes les parties diverses du corps politique. L'on n'a point,
au-dedans de soi, de transaction à faire avec des obstacles étrangers ;
l'on mesure sa force, on triomphe, ou l'on se soumet ; tout est
simple, tout est possible même ; car, s'il est absurde de considérer
une nation comme un peuple de philosophes, il est vrai que chaque
homme en particulier peut se flatter de le devenir.

Je m'attends aux diverses objections de sentiment et de raisonnement qu'on pourra faire contre le système développé dans cette
première partie. Rien n'est plus contraire, il est vrai, aux premiers
mouvements de la jeunesse, que l'idée de se rendre indépendant des
affections des autres ; on veut d'abord consacrer sa vie à être aimé
de ses amis, à captiver la faveur publique. Il semble qu'on ne s'est
jamais assez mis à la disposition de ceux qu'on aime, qu'on ne leur a
jamais assez prouvé qu'on ne pouvait exister sans eux ; que l'occupation, les services de tous les jours ne satisfont pas assez au gré de la
chaleur de l'ame, le besoin qu'on a de se dévouer, de se livrer en
entier aux autres ; on se fait un avenir tout composé des liens qu'on
a formés, on se confie d'autant plus à leur durée que l'on est soi-
même plus incapable d'ingratitude ; on se sait des droits à la reconnaissance, on croit à l'amitié ainsi fondée plus qu'à aucun autre lien
de la terre, tout est moyen, elle seule est le but ; l'on veut aussi de
l'estime publique, mais il semble que vos amis vous en sont les
garants, on n'a rien fait que pour eux, ils le savent, ils le diront ;
comment la vérité, et la vérité du sentiment ne persuaderait-elle
pas ? comment ne finirait-elle pas par être reconnue ? Les preuves
sans nombre, qui s'échappent d'elle de toutes parts, doivent enfin
l'emporter sur la fabrication de la calomnie. Vos paroles, votre voix,
vos accents, l'air qui vous environne, tout vous semble empreint de
ce que vous êtes réellement, et l'on ne croit pas à la possibilité d'être
long-temps mal jugé ; c'est avec ce sentiment de confiance qu'on
vogue à pleine voile dans la vie ; tout ce qu'on a su, tout ce qu'on
vous a dit de la mauvaise nature d'un grand nombre d'hommes, s'est

classé dans votre tête comme l'histoire, comme tout ce qu'on apprend en morale sans l'avoir éprouvé. On ne s'avise d'appliquer aucune de ces idées générales à sa situation particulière ; tout ce qui vous arrivera, tout ce qui vous entoure doit être une exception ; ce qu'on a d'esprit n'a point d'influence sur la conduite : là où il y a un cœur, il est seul écouté ; ce qu'on n'a pas senti soi-même est connu de la pensée, sans jamais diriger les actions. Mais à vingt-cinq ans, à cette époque précise, où la vie cesse de croître, il se fait un cruel changement dans votre existence ; on commence à juger votre situation ; tout n'est plus avenir dans votre destinée ; à beaucoup d'égards votre sort est fixé, et les hommes réfléchissent alors s'il leur convient d'y lier le leur ; s'ils y voient moins d'avantages qu'ils n'avaient crû, si de quelque manière leur attente est trompée ; au moment où ils sont résolus à s'éloigner de vous, ils veulent se motiver à eux-mêmes leur tort envers vous ; ils vous cherchent mille défauts pour s'absoudre du plus grand de tous ; les amis qui se rendent coupables d'ingratitude, vous accablent pour se justifier, ils nient le dévouement, ils supposent l'exigeance, ils essaient enfin de moyens séparés, de moyens contradictoires pour envelopper votre conduite et la leur d'une sorte d'incertitude que chacun explique à son gré. Quelle multitude de peines assiège alors le cœur qui voulait vivre dans les autres, et se voit trompé dans cette illusion ! La perte des affections les plus chères n'empêche pas de sentir jusqu'au plus faible tort de l'ami qu'on aimait le moins. Votre système de vie est attaqué, chaque coup ébranle l'ensemble : *celui-là aussi s'éloigne de moi,* est une pensée douloureuse, qui donne au dernier lien qui se brise un prix qu'il n'avait pas auparavant. Le public aussi, dont on avait éprouvé la faveur, perd toute son indulgence ; il aime les succès qu'il prévoit, il devient l'adversaire de ceux dont il est lui-même la cause ; ce qu'il a dit, il l'attaque ; ce qu'il encourageait, il veut le détruire : cette injustice de l'opinion fait souffrir aussi de mille manières en un jour. Tel individu qui vous déchire, n'est pas digne que vous regrettiez son suffrage, mais vous souffrez de tous les détails d'une grande peine, dont l'histoire se déroule à vos yeux ; et déjà certain de ne point éviter son pénible terme, vous éprouvez cependant la douleur de chaque pas. Enfin, le cœur se flétrit, la vie se décolore ; on a des torts à son tour qui dégoûtent de soi comme des autres, qui découragent du système de perfection dont on s'était d'abord enorgueilli ; on ne sait plus à quelle idée se reprendre, quelle route suivre désormais ; à force de s'être confié sans réserve, on serait prêt à soupçonner injustement. Est-ce la sensibilité, est-ce la vertu qui n'est qu'un fantôme ? Et cette plainte sublime échappée à Brutus dans les champs de Philippes, doit-elle égarer la vie, ou commander de se donner la mort ? C'est à cette époque funeste où la terre semble manquer sous nos pas ; où plus incertains sur l'avenir que dans les nuages de l'enfance, nous doutons de tout ce que nous croyons savoir, et recommençons l'existence avec l'espoir de moins. C'est à cette époque où le cercle des jouissances est parcouru, et le tiers de la vie à peine atteint, que ce livre peut être utile ; il ne faut pas le lire avant ; car je ne l'ai moi-même ni commencé, ni conçu qu'à cet âge. On m'objectera, peut-être aussi, qu'en voulant dompter les passions, je cherche à étouffer le principe des plus belles actions des hommes, des découvertes sublimes, des sentiments généreux ; quoique je ne sois pas entièrement de cet avis, je conviens qu'il y a quelque chose de grand dans la passion ; qu'elle ajoute, pendant qu'elle dure, à l'ascendant de l'homme ; qu'il accomplit alors presque tout ce qu'il projette, tant la volonté ferme et suivie, est une force active dans l'ordre moral. L'homme alors, emporté par quelque chose de plus puissant que lui, use sa vie, mais s'en sert avec plus d'énergie. Si l'ame doit être considérée seulement comme une impulsion, cette impulsion est plus vive quand la passion l'excite ; s'il faut aux hommes sans passions, l'intérêt d'un grand spectacle, s'ils veulent que les gladiateurs s'entredétruisent à leurs yeux, tandis qu'ils ne seront que les témoins de ces affreux combats, sans doute il faut enflammer de toutes les manières ces êtres infortunés, dont les sentiments impétueux animent, ou renversent le théâtre du monde ; mais quel bien en résultera-t-il pour eux, quel bonheur général peut-on obtenir par ces encouragements donnés aux passions de l'ame ? Tout ce qu'il faut de mouvement à la vie sociale, tout l'élan nécessaire à la vertu existerait sans ce mobile destructeur : mais, dira-t-on, c'est à diriger les passions et non à les vaincre, qu'il faut consacrer ses efforts ; je n'entends pas comment on dirige ce qui n'existe qu'en dominant : il n'y a que deux états pour l'homme, ou il est certain d'être le maître au-dedans de lui, et alors il n'a point de passions ; ou il sent qu'il règne en lui-même une puissance plus forte que lui, et alors il dépend entièrement d'elle. Tous ces traités avec la passion sont purement imaginaires ; elle est, comme les vrais tyrans, sur le trône ou dans les fers. Je n'ai point imaginé cependant de consacrer cet ouvrage à la destruction de toutes les passions. Mais j'ai tâché d'offrir un système de vie qui ne fut pas sans quelques douceurs, à l'époque où s'évanouissent les espérances de bonheur positif dans cette vie : ce système ne convient qu'aux caractères naturellement passionnés, et qui ont combattu pour reprendre l'empire ; plusieurs de ses jouissances n'appartiennent qu'aux ames jadis ardentes, et la nécessité de ses sacrifices ne peut être sentie que par ceux qui ont été malheureux. En effet, si l'on n'était pas né passionné qu'aurait-on à craindre, de quel effort aurait-on besoin, que se passerait-il en soi qui put occuper le moraliste, et l'inquiéter sur la destinée de l'homme ? Pourrait-on aussi me reprocher de n'avoir pas traité séparément les jouissances attachées à l'accomplissement de ses devoirs, et les peines que font éprouver le remord qui suit le tort, ou le crime de les avoir bravé ? Ces deux idées premières dans l'existence, s'appliquent également à toutes les situations, à tous les caractères, et ce que j'ai voulu montrer seulement, c'est le rapport des passions de l'homme avec les impressions agréables ou douloureuses qu'il ressent au fond de son cœur. En suivant ce plan, je crois de même avoir prouvé qu'il n'est point de bonheur sans la vertu ; revenir à ce résultat par toutes les routes, est une nouvelle preuve de sa vérité. Dans l'analyse des diverses affections morales de l'homme, il se rencontrera quelquefois des allusions à la révolution de France ; nos souvenirs sont tous empreints de ce terrible événement : d'ailleurs, j'ai voulu que cette première partie fut utile à la seconde, que l'examen des hommes un à un put préparer au calcul, des effets de leur réunion en masse ; j'ai espéré, je le répète, qu'en travaillant à l'indépendance morale de l'homme, on rendrait sa liberté politique plus facile, puisque chaque restriction qu'il faut imposer à cette liberté, est toujours commandée par l'effervescence de telle ou telle passion.

Enfin, de quelque manière que l'on juge mon plan, ce qui est certain, c'est que mon unique but a été de combattre le malheur sous toutes ses formes, d'étudier les pensées, les sentiments, les institutions qui causent de la douleur aux hommes, pour chercher quelle est la réflexion, le mouvement, la combinaison, qui pourrait diminuer quelque chose de l'intensité des peines de l'ame ; l'image de l'infortune, sous quelqu'aspect qu'elle se présente, et me poursuit, et m'accable. Hélas ! j'ai tant éprouvé ce que c'était que souffrir, qu'un attendrissement inexprimable, une inquiétude douloureuse s'emparent de moi, à la pensée des malheurs de tous et de chacun ; des chagrins inévitables et des tourments de l'imagination, des revers de l'homme juste, et même aussi des remords du coupable, des blessures du cœur les plus touchantes de toutes, et des regrets dont on rougit sans les éprouver moins ; enfin, de tout ce qui fait verser des larmes, ces larmes que les anciens recueillaient dans une urne consacrée, tant la douleur de l'homme était auguste à leurs yeux. Ah ! ce n'est pas assez d'avoir juré, que dans les limites de son existence, de quelque injustice, de quelque tort qu'on fut l'objet, on ne causerait jamais volontairement une peine, on ne renoncerait jamais volontairement à la possibilité d'en soulager une ; il faut essayer encore si quelque ombre de talent, si quelque faculté de méditation ne pourrait pas faire trouver la langue, dont la mélancolie ébranle doucement le cœur, ne pourrait pas aider à découvrir, à quelle hauteur philosophique les armes qui blessent n'atteindraient plus. Enfin, si le temps et l'étude apprenaient, comment on peut donner aux principes politiques assez d'évidence pour qu'ils ne fussent plus l'objet de deux religions, et par conséquent des plus sanglantes fureurs, il semble que l'on aurait du moins offert un examen complet, de tout ce qui livre la destinée de l'homme à la puissance du malheur.

SECTION PREMIÈRE : DES PASSIONS

1

DE L'AMOUR DE LA GLOIRE

D e toutes les passions dont le cœur humain est susceptible, il n'en est point qui ait un caractère aussi imposant que l'amour de la gloire ; on peut trouver la trace de ses mouvements dans la nature primitive de l'homme, mais ce n'est qu'au milieu de la société que ce sentiment acquiert sa véritable force. Pour mériter le nom de passion, il faut qu'il absorbe toutes les autres affections de l'ame, et ses plaisirs comme ses peines n'appartiennent qu'au développement entier de sa puissance.

Après cette sublimité de vertu, qui fait trouver dans sa propre conscience le motif et le but de sa conduite, le plus beau des principes qui puisse mouvoir notre ame est l'amour de la gloire. Je laisse au sens de ce mot sa propre grandeur en ne le séparant pas de la valeur réelle des actions qu'il doit désigner. En effet, une gloire véritable ne peut être acquise par une célébrité relative, on en appelle toujours à l'univers et à la postérité pour confirmer le don d'une si auguste couronne ; elle ne doit donc rester qu'au génie ou à la vertu. C'est en méditant sur l'ambition que je parlerai de tous les succès éphémères qui peuvent imiter ou rappeller la gloire ; mais c'est d'elle-même, c'est-à-dire, de ce qui est vraiment grand et juste, que je veux d'abord m'occuper ; et pour juger son influence sur le bonheur, je ne craindrai point de la faire paraître dans toute la séduction de son éclat.

Le digne et sincère amant de la gloire propose un beau traité au genre humain ; il lui dit : « Je consacrerai mes talents à vous servir ;

ma passion dominante m'excitera sans cesse à faire jouir un plus grand nombre d'hommes des résultats heureux de mes efforts ; le pays, le peuple qui m'est inconnu aura des droits aux fruits de mes veilles ; tout ce qui pense est en relation avec moi ; et dégagé de la puissance environnante des sentiments individuels, c'est à l'étendue seule de mes bienfaits que je mesurerai mon bonheur ; pour prix de ce dévouement, je ne vous demande que de le célébrer, chargez la renommée d'acquitter votre reconnaissance. La vertu, j'en conviens, sait jouir d'elle-même ; moi, j'ai besoin de vous pour obtenir le prix qui m'est nécessaire, pour que la gloire de mon nom soit unie au mérite de mes actions. » Quelle franchise, quelle simplicité dans ce contrat ! comment se peut-il que les nations n'y soient jamais restées fidèles, et que le génie seul en ait accompli les conditions ?

C'est, sans doute, une jouissance enivrante que de remplir l'univers de son nom, d'exister tellement au-delà de soi, qu'il soit possible de se faire illusion, et sur l'espace et sur la durée de la vie, et de se croire quelques-uns des attributs métaphysiques de l'infini ; l'ame se remplit d'un orgueilleux plaisir par le sentiment habituel, que toutes les pensées d'un grand nombre d'hommes sont dirigées sur vous ; que vous existez en présence de leur espoir ; que chaque méditation de votre esprit peut influer sur beaucoup de destinées ; que de grands évènements se développent au-dedans de soi, et commandent, au nom du peuple, qui compte sur vos lumières, la plus vive attention à vos propres pensées ; les acclamations de la foule remuent l'ame, et par les réflexions qu'elles font naître, et par les commotions qu'elles excitent ; toutes ces formes animées, enfin, sous lesquelles la gloire se présente, doivent transporter la jeunesse d'espérance et l'enflammer d'émulation. Les routes qui conduisent à un si grand but, sont remplies de charmes ; les occupations que commande l'ardeur d'y parvenir, sont elles-mêmes une jouissance ; et dans la carrière des succès, ce qu'il y a souvent de plus heureux, c'est la suite d'intérêts qui les précèdent, et s'emparent activement de la vie. La gloire des écrits ou celle des actions est soumise à des combinaisons différentes ; la première, empruntant quelque chose des plaisirs solitaires, peut participer à leurs bienfaits ; mais ce n'est pas elle qui rend sensibles tous les signes de cette grande passion ; ce n'est pas ce génie dominateur, qui, dans un instant, sème, recueille et se couronne ; dont l'éloquence entraînante, ou le courage vainqueur décident instantanément du sort des siècles et des empires ; ce n'est pas cette émotion toute puissante dans ses effets, qui commande en inspirant une volonté pareille, et saisit dans le présent, toutes les jouissances de l'avenir. Le génie des actions est dispensé d'attendre la tardive justice que le temps traîne à sa suite ; il fait marcher sa gloire en avant, comme la colonne enflammée, qui jadis éclairait la marche des Israélites. La célébrité qu'on peut acquérir par les écrits est rarement contemporaine, mais alors même qu'on obtient cet heureux avantage, comme il n'y a rien d'instantané dans ses effets, d'ardent dans son éclat, une telle carrière ne peut, comme la gloire active, donner le sentiment complet de sa force physique et morale, assurer l'exercice de toutes ses facultés, enivrer enfin par la certitude de la puissance de son être. C'est donc au plus haut point de bonheur que l'amour de la gloire puisse donner, qu'il faut s'attacher pour en mieux juger les obstacles et les malheurs.

La première des difficultés, dans tous les gouvernements où les distinctions héréditaires sont établies, c'est la réunion des circonstances qui donnent de l'éclat à la vie ; les efforts que l'on fait pour sortir d'une situation obscure, pour jouer un rôle sans y être appelé, déplaisent à la plupart des hommes. Ceux que leur destinée approche des premières places, croient voir une preuve de mépris pour eux, dans l'espérance qu'on conçoit de franchir l'espace qui en sépare, et de se mettre par ses talents, au niveau de leur destinée. Les individus de la même classe que soi, qui se sont résignés à n'en pas sortir, attribuant bien plutôt cette résolution à leur sagesse, qu'à leur médiocrité, appellent folie une conduite différente, et sans juger la diversité des talents, se croient faits pour les mêmes circonstances. Dans les monarchies aristocratiquement constituées, la multitude se plait quelquefois, par un esprit dominateur, à relever celui que le hasard a délaissé ; mais ce même esprit ne lui permet pas d'abandonner ses droits sur l'existence qu'elle a créée, le peuple regarde cette existence comme l'œuvre de ses mains ; et si le sort, la superstition, la magie, une puissance, enfin, indépendante des hommes, n'entre pas dans la destinée de celui, qui dans un état monarchique doit son élévation à l'opinion du peuple, il ne conservera pas longtemps une gloire que les suffrages seuls récompensent et créent, qui puise à la même source son existence et son éclat ; le peuple ne soutiendra pas son ouvrage, et ne se prosternera pas devant une force dont il se sent le principal appui. Ceux qui sous un tel ordre de choses sont nés dans la classe privilégiée, ont à quelques égards beaucoup de données utiles ; mais d'abord la chance des talents se resserre, et à proportion du nombre, et plus encore, par l'espèce de

négligence qu'inspirent de certains avantages ; mais quand le génie
élève celui que les rangs de la monarchie avaient déjà séparé du reste
de ses concitoyens, indépendamment des obstacles communs à tous,
il en est qui sont personnels à cette situation ; des rivaux en plus
petit nombre, des rivaux qui se croient vos égaux à plusieurs égards,
se pressent davantage autour de vous, et lorsqu'on veut les écarter,
rien n'est plus difficile que de savoir jusqu'à quel point il faut se
livrer à la popularité, en jouissant de distinctions impopulaires ; il
est presqu'impossible de connaître toujours avec certitude le degré
d'empressement qu'il faut montrer à l'opinion générale : certaine de
sa toute puissance, elle en a la pudeur, et veut du respect sans flatterie ; la reconnaissance lui plait, mais elle se dégoûte de la servitude,
et rassasiée de souveraineté, elle aime le caractère indépendant et
fier, qui la fait douter un moment de son autorité pour lui en renouveler la jouissance : ces difficultés générales redoublent pour le
noble, qui dans une monarchie veut obtenir une gloire véritable ; s'il
dédaigne la popularité, il est haï : un plébéien dans un État démocratique, peut obtenir l'admiration en bravant la popularité ; mais si un
noble adopte une telle conduite dans un État monarchique, au lieu
de se donner l'éclat du courage, il ne ferait croire qu'à son orgueil ;
et si, cependant, pour éviter ce blâme, il recherche la popularité, il
est sans cesse près du soupçon ou du ridicule. Les hommes ne
veulent pas qu'on renonce totalement à ses intérêts personnels, et ce
qui est, à un certain points contre leur nature, est déjoué par eux ; de
tous ses avantages il n'y a que la vie qu'on puisse sacrifier avec éclat ;
l'abandon des autres, quoique bien plus rare et plus estimable, est
représenté comme une sorte de duperie ; et quoique ce soit le plus
haut degré du dévouement, dès qu'il est nommé *duperie*, il n'excite
plus l'enthousiasme de ceux mêmes qui sont l'objet du sacrifice. Les
nobles donc, placés entre la nation et le monarque, entre leur existence politique et l'intérêt général, obtiennent difficilement de la
gloire ailleurs que dans les armées. La plupart de ces considérations
ne peuvent s'appliquer aux succès militaires, la guerre ne laisse à
l'homme, de sa nature, que ses facultés physiques ; pendant que cet
état dure, il se soumet à la valeur, à l'audace, au talent qui fait
vaincre, comme les corps les plus faibles suivent l'impulsion des plus
forts. L'être moral n'est de rien dans la bataille, et voilà pourquoi les
soldats ont plus de constance dans leur attachement pour leurs
généraux, que les citoyens dans leur reconnaissance pour leurs
administrateurs.

Dans les républiques, si elles sont constituées sur la seule base de l'aristocratie, tous les membres d'une même classe sont un obstacle à la gloire de chacun d'eux ; cet esprit de modération qu'avec tant de raison Montesquieu a désigné comme le principe des républiques aristocratiques ; cet esprit de modération ne s'accorde pas avec les élans du génie : un grand homme, s'il voulait se montrer tel, précipiterait la marche égale et soutenue de ces gouvernements ; et comme l'utilité est le principe de l'admiration, dans un État où les grands talents ne peuvent s'exercer d'une manière avantageuse à tous, ils ne se développent pas, ou sont étouffés, ou sont contenus dans une certaine limite qui ne leur permet pas d'atteindre à la célébrité. On ne sait pas au-dehors un nom propre du gouvernement de Venise, du gouvernement sage et paternel de la république de Berne, un même esprit dirige depuis plusieurs siècles, des individus différents, et si un homme lui donnait son impulsion particulière, il naîtrait des chocs dans une organisation, dont l'unité fait tout-à-la-fois le repos et la force.

Pour les républiques populaires, il faut distinguer deux époques tout-à-fait différentes, celle qui a précédé l'imprimerie, et celle qui est contemporaine du plus grand développement possible de la liberté de la presse ; celle qui a précédé l'imprimerie devait être favorable à l'ascendant d'un homme sur les autres hommes, les lumières n'étant point disséminées ; celui qui avait reçu des talents supérieurs, une raison forte, avait de grands moyens d'agir sur la multitude ; le secret des causes n'était pas connu, l'analyse n'avait pas changé en science positive la magie de tous les effets. Enfin, l'on pouvait être étonné, par conséquent entraîné ; et des hommes croyaient qu'un d'entr'eux était nécessaire à tous ; de-là les grands dangers que courait la liberté, de-là les factions toujours renaissantes, car les guerres d'opinions, finissent avec les évènements qui les décident, avec les discussions qui les éclairent ; mais la puissance des hommes supérieurs se renouvelle avec chaque génération, et déchire, ou asservit la nation qui se livre sans mesure à cet enthousiasme ; mais lorsque la liberté de la presse, et ce qui est plus encore, la multiplicité des journaux rend publiques chaque jour les pensées de la veille, il est presque impossible qu'il existe dans un tel pays ce qu'on appelle de la gloire ; il y a de l'estime, parce que l'estime ne détruit pas l'égalité, et que celui qui l'accorde, juge au lieu de s'abandonner ; mais l'enthousiasme pour les hommes en est banni. Il y a dans tous les caractères des défauts qui jadis étaient découverts, ou par le flambeau de l'histoire, ou par un très-petit nombre de philosophes contemporains que le mouvement général n'avait point enivrés ; aujourd'hui celui qui veut se distinguer est en guerre avec l'amour-propre de tous ; on le menace du niveau à chaque pas qui l'élève, et la masse des hommes éclairés prend une sorte d'orgueil actif, destructeur des succès individuels. Si l'on veut examiner la cause, du grand ascendant que dans Athènes, qu'à Rome, des génies supérieurs ont obtenu, de l'empire presque aveugle, que dans les temps anciens ils ont exercé sur la multitude, on verra que l'opinion n'a jamais été fixée par l'opinion même, que c'est à quelques pouvoirs différents d'elle, à l'appui de quelque superstition que sa constance a été due : tantôt ce sont des rois, qui jusqu'à la fin de leur vie ont conservé la gloire qu'ils avaient obtenue ; mais les peuples croyaient alors que la royauté avait une origine céleste : tantôt on voit Numa inventer une fable pour faire accepter des lois que la sagesse lui dictait, se fiant plus à la crédulité qu'à l'évidence. Les meilleurs généraux Romains, quand ils voulaient donner une bataille, déclaraient que l'examen du vol des oiseaux les forçait à la livrer. C'est ainsi que les hommes habiles de l'antiquité ont caché le conseil de leur génie sous l'apparence d'une superstition, évitant ce qui peut avoir des juges, quoique certains d'avoir raison. Enfin, chaque découverte des sciences, en enrichissant la masse, diminue l'empire individuel de l'homme. Le genre humain hérite du génie, et les véritables grands hommes sont ceux qui ont rendu leurs pareils moins nécessaires aux générations suivantes. Plus on laisse aller sa pensée dans la carrière future de la perfectibilité possible, plus on y voit les avantages de l'esprit dépassés par les connaissances positives, et le mobile de la vertu plus efficace que la passion de la gloire. On ne trouvera peut-être pas que ce siècle donne encore l'idée d'aucun progrès en ce genre ; mais il faut dans l'effet actuel voir la cause future, pour juger un événement tout entier. Celui qui n'aperçoit dans les mines où les métaux se préparent, que le feu dévorant qui semble tout consumer, ne connaît point la marche de la nature, et ne sait se peindre l'avenir qu'en multipliant le présent. Mais de quelque manière qu'on considère ces réflexions, je reviens aux considérations générales qui s'appliquent à tous les pays et à tous les temps sur les obstacles et les malheurs attachés à la passion de la gloire.

Quand les difficultés des premiers pas sont vaincues, il se forme à l'instant deux partis sur une même réputation ; non, parce qu'il y a deux manières de la juger, mais parce que l'ambition parie pour ou contre : celui qui veut être l'adversaire des grands succès reste passif, tant que dure leur éclat, et c'est pendant ce temps, au contraire, que les amis ne cessent d'agir en votre faveur ; ils arrivent déjà fatigués à l'époque du malheur, lorsqu'il suffit au public du mobile seul de la curiosité, pour se lasser des mêmes éloges ; les ennemis paraissent avec des armes toutes nouvelles, tandis que les amis ont émoussé les leurs, en les faisant inutilement briller autour du char de triomphe. On se demande pourquoi l'amitié a moins de persistance que la haine ; c'est qu'il y a plusieurs manières de renoncer à l'une, et que pour l'autre le danger et la honte sont partout ailleurs que dans le succès. Les amis peuvent si aisément attribuer à la bonté de leur ame l'exagération de leur enthousiasme, à l'oubli qu'on a fait de leurs conseils, les derniers revers qu'on a éprouvés ; il y a tant de manières de se louer en abandonnant son ami, que les plus légères difficultés décident à prendre ce parti ; mais la haine, dès ses premiers pas, engagée sans retour, se livre à toutes les ressources des situations désespérées ; de ses situations dont les nations, comme les individus, échappent presque toujours, parce que l'homme faible même ne voit alors de secours possible que dans l'exercice du courage.

En étudiant le petit nombre d'exceptions à l'inconstance de la faveur publique, on est étonné de voir que c'est à des circonstances, et jamais au talent seul, qu'on doit les rapporter. Un danger présent a pu contraindre le peuple à retarder son injustice ; une mort prématurée en a quelquefois précédé le moment ; mais la réunion des observations, qui font le code de l'expérience y prouve que la vie si courte des hommes, est encore d'une plus longue durée que les jugements et les affections de leurs contemporains. Le grand homme, qui arrive à la vieillesse, doit parcourir plusieurs époques d'opinions diverses ou contraires. Ces oscillations cessent avec les passions qui les produisent ; mais on vit au milieu d'elles, et leur choc, qui ne peut rien sur le jugement de la postérité, détruit le bonheur présent qui est exposé de tous les coups. Les évènements du hasard, ceux qu'aucune des puissances de la pensée ne peuvent soumettre, sont cependant placés, par la voix publique, sur la responsabilité du génie. L'admiration est une sorte de fanatisme qui veut des miracles ; elle ne consent à accorder à un homme une place au-dessus de tous les autres, à renoncer à l'usage de ses propres lumières pour le croire et lui obéir, qu'en lui supposant quelque chose de surnaturel qui ne peut se comparer aux facultés humaines :

il faudrait, pour se défendre d'une telle erreur, être modeste et juste, reconnaître à la fois les bornes du génie et sa supériorité sur nous ; mais dès qu'il devient nécessaire de raisonner sur les défaites, de les expliquer par des obstacles, de les excuser par des malheurs, c'en est fait de l'enthousiasme ; il a, comme l'imagination, besoin d'être frappé par les objets extérieurs ; et la pompe du génie, c'est le succès. Le public se plaît à donner à celui qui possède ; et, comme ce sultan des Arabes, qui s'éloignait d'un ami poursuivi par l'infortune, parce qu'il craignait la contagion de la fatalité ; les revers éloignent les ambitieux, les faibles, les indifférents, tous ceux enfin qui trouvent, avec quelque raison, que l'éclat de la gloire doit frapper involontairement ; que c'est à elle à commander le tribut qu'elle demande ; que la gloire se compose des dons de la nature et du hasard, et que personne n'ayant le besoin d'admirer ; celui qui veut ce sentiment ne l'obtient point de la volonté, mais de la surprise, et le doit aux résultats du talent, bien plus qu'à la propre valeur de ce talent même.

Si les revers de la fortune désenchantent l'enthousiasme, que sera-ce, s'il s'y mêle des torts qui, cependant, se trouvent souvent réunis aux qualités les plus éminentes ? Quel vaste champ pour les découvertes des esprits médiocres ! comme ils sont sûrs d'avoir prévu ce qu'ils comprennent encore à peine ! comme le parti qu'ils auraient pris eût été meilleur ! que de lumières ils puisent dans l'événement ! que de retours satisfaisants dans la critique d'un autre ! comme personne ne s'occupe d'eux, personne ne songe à les attaquer. Eh bien, ils prennent ce silence pour le garant de leur supériorité, parce qu'il y a une bataille perdue, ils pensent qu'ils l'ont gagnée ; et les revers d'un grand homme se changent en palmes pour les sots. Eh ! quoi ! l'opinion se composerait-elle de leurs suffrages ?... Oui, la gloire contemporaine leur est soumise, car c'est l'enthousiasme de la multitude qui la caractérise ; le mérite réel est indépendant de tout, mais la réputation acquise par ce mérite n'obtient le nom de gloire qu'au bruit des acclamations de la foule. Si les Romains sont insensibles à l'éloquence de Cicéron, son génie nous reste ; mais où, pendant sa vie, trouvera-t-il sa gloire ? Les géomètres, ne pouvant être jugés que par leurs pairs, obtiennent, d'un petit nombre de savants, des titres incontestables à l'admiration de leurs contemporains ; mais la gloire des actions doit être populaire. Les soldats jugent leur général, la nation ses administrateurs : quiconque a besoin du suffrage des autres, a mis, tout à la fois, sa vie sous la puissance du calcul et du hasard, de manière que le travail du calcul, ne peut lui répondre des chances du hasard, et que les chances du hasard, ne peuvent le dispenser du travail du calcul. Mais non, pourrait-on dire, le jugement de la multitude est impartial, puisqu'aucune passion envieuse et personnelle ne l'inspire ; son impulsion toujours vraie, doit être juste ; mais par cela même que ces mouvements sont naturels et spontanés, ils appartiennent à l'imagination ; un ridicule détruit à ses yeux l'éclat d'une vertu ; un soupçon peut la dominer par la terreur ; des promesses exagérées l'emportent sur des services prudents, les plaintes d'un seul, l'émeuvent plus fortement que la silencieuse reconnaissance du grand nombre ; enfin, mobile, parce qu'elle est passionnée ; passionnée, parce que les hommes réunis ne se communiquent qu'à l'aide de cette électricité, et ne mettent en commun que leurs sentiments ; ce ne sont pas les lumières de chacun, mais l'impulsion générale qui produit un résultat, et cette impulsion, c'est l'individu le plus exalté qui la donne. Une idée peut se composer des réflexions de plusieurs ; un sentiment sort tout entier de l'ame qui l'éprouve ; la multitude, qui l'adopte, a pour opinion l'injustice d'un homme exercée par l'audace de tous ; par cette audace qui se fonde et sur la force, et plus encore sur l'impossibilité d'être atteint par aucun genre de responsabilité individuelle. Le spectacle de la France a rendu ces observations plus sensibles ; mais, dans tous les temps, l'amant de la gloire a été soumis au joug démocratique ; c'est de la nation seule qu'il recevait ses pouvoirs ; c'est par son élection qu'il obtenait sa couronne ; et quels que fussent ses droits à la porter, quand le peuple retirait ses suffrages au génie, il pouvait protester, mais il ne régnait plus. N'importe, s'écrieront quelques ames ardentes, n'exista-t-il qu'une chance de succès contre mille probabilités de revers ; il faudrait tenter une carrière dont le but se perd dans les cieux, et donne à l'homme après lui, ce que la mémoire des hommes peut conquérir sur le passé : un jour de gloire est si multiplié par notre propre pensée qu'il peut suffire à toute la vie. Les plus nobles devoirs s'accomplissent en parcourant la route qui conduit à la gloire ; et le genre humain serait resté sans bienfaiteurs, si cette émulation sublime n'eût pas encouragé leurs efforts !

D'abord, je crois que l'amour de l'éclat a rendu moins de service aux hommes, que la simple impulsion des vertus obscures ou des recherches persévérantes. Les plus grandes découvertes ont été faites dans la retraite de l'homme savant, et les plus belles actions, inspirées par les mouvements spontanés de l'ame, se rencontrent souvent dans l'histoire d'une vie inconnue ; c'est donc seulement dans son rapport avec celui qui l'éprouve, qu'il faut considérer la passion de la gloire. Par une sorte d'abstraction métaphysique, on dit souvent que la gloire vaut mieux que le bonheur ; mais cette assertion ne peut s'entendre que par les idées accessoires qu'on y attache ; on met alors en opposition les jouissances de la vie privée avec l'éclat d'une grande existence ; mais donner à quelque chose la préférence sur le bonheur, serait un contre-sens moral absolu. L'homme vertueux ne fait de grands sacrifices que pour fuir la peine du remord, et s'assurer des récompenses au-dedans de lui : enfin, la félicité de l'homme lui est plus nécessaire que sa vie, puisqu'il se tue pour échapper à la douleur. S'il est donc vrai que choisir le malheur est un mot qui implique contradiction en lui-même ; la passion de la gloire, comme tous les sentiments, doit être jugée par son influence sur le bonheur.

Les amans, les ambitieux mêmes peuvent se croire, dans quelques moments, au comble de la félicité ; comme le terme de leurs espérances leur est connu, ils doivent être heureux du moins à l'instant où ils l'atteignent ; mais cette rapide jouissance même ne peut jamais appartenir à l'homme qui prétend à la gloire ; ses limites ne sont fixées par aucun sentiment, ni par aucune circonstance. Alexandre, après la conquête du monde, s'affligeait de ne pouvoir faire parvenir jusqu'aux étoiles l'éclat de son nom. Cette passion ne connaît que l'avenir, ne possède que l'espérance ; et si on l'a souvent présentée comme l'une des plus fortes preuves de l'immortalité de l'ame, c'est parce qu'elle semble vouloir régner sur l'infini de l'espace, et l'éternité des temps. Si la gloire est un moment stationnaire, elle recule dans l'esprit des hommes, et aux yeux mêmes de celui qui s'en voyait l'objet : sa possession émeut l'ame si fortement, exalte à un tel degré toutes les facultés, qu'un moment de calme, dans les objets extérieurs, ne sert qu'à diriger sur soi toute l'agitation de sa pensée : le repos est si loin, le vide est si près, que la cessation de l'action est toujours le plus grand malheur à craindre. Comme il n'y a jamais rien de suffisant dans les plaisirs de la gloire, l'ame ne peut être remplie que par leur attente, ceux qu'elle obtient ne servent qu'à la rapprocher de ceux qu'elle désire ; et si l'on était parvenu au faîte de la grandeur, une circonstance inaperçue, un obscur hommage refusé, deviendraient l'objet de la douleur et de l'envie. Aman, vainqueur des Juifs, était malheureux de n'avoir pû courber l'orgueil de Mardoché. Cette passion conquérante n'estime que ce qui lui résiste ; elle a besoin de l'admiration qu'on lui refuse, comme de la seule qui soit au-dessus de celle qu'on lui accorde ; toute la puissance de l'imagination se développe en elle, parce qu'aucun sentiment du cœur ne la ramène par intervalle à la vérité ; quand elle a atteint un but, ses tourments s'accroissent, son plus grand charme étant l'activité qu'elle assure à chaque moment du jour, l'un de ses prestiges est détruit quand cette activité n'a plus d'aliment. Toutes les passions, sans doute, ont des caractères communs, mais aucune ne laisse après elle autant de douleurs que les revers de la gloire ; il n'y a rien d'absolu pour l'homme dans la nature, il ne juge que parce qu'il compare ; la douleur physique même est soumise à cette loi : ce qu'il y a de plus violent dans le plaisir ou dans la douleur est donc causé par le contraste ; et quelle opposition plus terrible que la possession ou la perte de la gloire ! Celui dont la renommée parcourait le monde entier, ne voit autour de lui qu'un vaste oubli ; un amant n'a de larmes à verser que sur les traces de ce qu'il aime ; tous les pas d'hommes retracent, à celui qui jadis occupait l'univers, l'ingratitude et l'abandon.

La passion de la gloire excite le sentiment et la pensée au-delà de leurs propres forces ; mais loin que le retour à l'état naturel soit une jouissance, c'est une sensation d'abattement et de mort : les plaisirs de la vie commune, ont été usé sans avoir été sentis, on ne peut même les retrouver dans ses souvenirs ; ce n'est point par la raison ou la mélancolie qu'on est ramené vers eux ; mais par la nécessité, funeste puissance, qui brise tout ce qu'elle courbe ! L'un des caractères de ce long malheur est de finir par s'accuser soi-même : tant qu'on en est encore aux reproches que méritent les autres, l'ame peut sortir d'elle-même, mais le repentir concentre toutes les pensées, et dans ce genre de douleur, le volcan se referme pour consumer en dedans. Tant d'actions composent la vie d'un homme célèbre, qu'il est impossible qu'il ait assez de force dans la philosophie, ou dans l'orgueil, pour ne reprocher aucune faute à son esprit : le passé, prenant dans sa pensée la place qu'occupait l'avenir, son imagination vient se briser contre ce temps immuable, et lui fait parcourir en arrière, des abymes aussi vastes que l'étaient, en avant, les heureux champs de l'espérance.

L'homme, jadis comblé de gloire, qui veut abdiquer ses souvenirs, et se vouer aux relations particulières, ne saurait y accoutumer ni lui, ni les autres ; on ne jouit point par effort des idées simples, il faut, pour être heureux par elles, un concours de circonstances qui éloigne naturellement tout autre désir. L'homme accoutumé à compter avec l'histoire, ne peut plus être intéressé par les évènements d'une existence commune ; on ne retrouve en lui aucun des mouvements qui le caractérisaient, il ne sent plus la vie, il s'y résigne. On confie long-temps les peines du cœur, parce que leur durée même est honorable, parce qu'elles répondent à trop de souvenirs dans l'ame des autres, pour que ce soit parler de soi que d'en entretenir ; mais comme la philosophie et la fierté doivent vaincre, ou cacher, les regrets causés même par la plus noble ambition, l'homme qui les éprouve ne s'abandonne point à les avouer entièrement. L'attention constante sur soi est un détail de jouissances pendant la prospérité, c'est une peine habituelle quand on est retombé dans une situation privée ; enfin, aimer ! ce bien dont la nature céleste est seule en disparate avec toute la destinée humaine ; aimer ! n'est plus un bonheur accordé à celui que la passion de la gloire a dominé longtemps ; ce n'est pas que son ame soit endurcie, mais elle est trop vaste pour être remplie par un seul objet ; d'ailleurs, les réflexions que l'on est conduit à faire sur les hommes en général, lorsqu'on entretient avec eux des rapports publics, rendent impossible la sorte d'illusion qu'il faut, pour voir un individu à une distance infinie de tous les autres : loin aussi que de grandes pertes attachent au genre de bien qu'il reste, elles affranchissent de tout à la fois ; on ne se supporte que dans une indépendance absolue, qui n'établit aucun point de comparaison entre le présent et le passé. Le génie, qui sut adorer et posséder la gloire, repousse tout ce qui voudrait occuper la place de ses regrets mêmes ; il aime mieux mourir que déroger. Enfin, quoique cette passion soit pure dans son origine et noble dans ses efforts, le crime seul dérange plus qu'elle, l'équilibre de l'ame ; elle la fait sortir violemment de l'ordre naturel, et rien ne peut jamais l'y ramener.

En m'attachant avec une sorte d'austérité, à l'examen de tout ce qui doit détourner de l'amour de la gloire, j'ai eu besoin d'un grand effort de réflexion, l'enthousiasme me distraisait, tant de noms célèbres s'offraient à ma pensée ; tant d'ombres glorieuses, qui semblaient s'offenser de voir braver leur éclat, pour pénétrer jusques à la source de leur bonheur. C'est de mon père enfin, c'est de l'homme de ce temps qui a recueilli le plus de gloire, et qui en retrouvera le plus dans la justice impartiale des siècles, que je craignais sur-tout d'approcher, en décrivant toutes les périodes du cours éclatant de la gloire ; mais ce n'est pas à l'homme qui a montré, pour le premier objet de ses affections, une sensibilité aussi rare que son génie ; ce n'est pas à lui que peut convenir aucun des traits dont j'ai composé ce tableau ; et si je m'aidais des souvenirs que je lui dois, ce serait pour montrer combien l'amour de la vertu peut apporter de changement dans la nature, et les malheurs de la passion de la gloire.

Mais, poursuivant le projet que j'ai embrassé, je ne cherche point à détourner l'homme de génie de répandre ses bienfaits sur le genre humain ; mais je voudrais retrancher des motifs qui l'animent, le besoin des récompenses de l'opinion ; je voudrais retrancher ce qui est l'essence des passions, l'asservissement à la puissance des autres.

2

DE L'AMBITION

En parlant de l'amour de la gloire, je ne l'ai considéré que dans sa plus parfaite sublimité ; alors qu'il nait du véritable talent, et n'aspire qu'à l'éclat de la renommée. Par l'ambition, je désigne la passion qui n'a pour objet que la puissance, c'est-à-dire, la possession des places, des richesses, ou des honneurs qui la donnent ; passion que la médiocrité doit aussi concevoir, parce qu'elle peut en obtenir les succès.

Les peines attachées à cette passion sont d'une autre nature que celles de l'amour de la gloire ; son horizon étant plus resserré, et son but positif, toutes les douleurs qui naissent de cet agrandissement de l'ame, en disproportion avec le sort de l'humanité, ne sont pas éprouvées par les ambitieux. L'intime pensée des hommes n'est point l'objet de leur inquiétude ; le suffrage des étrangers n'enflamme point leurs désirs ; le pouvoir, c'est-à-dire, le droit d'influer sur les pensées extérieures et d'être loué partout où l'on commande, voilà ce qu'obtient l'ambition. Elle est, sous beaucoup de rapports, en contraste avec l'amour de la gloire. En les comparant donc, je donnerai naturellement un nouveau développement au chapitre que je viens de finir.

Tout est fixé d'avance dans l'ambition ; ses chagrins et ses plaisirs sont soumis à des évènements déterminés ; l'imagination a peu d'empire sur la pensée des ambitieux, car rien n'est plus réel que les avantages du pouvoir. Les peines donc qui naissent de l'exaltation de l'ame, ne sont point connues par les ambitieux ; mais si le vague de l'imagination offre un vaste champ à la douleur, elle présente aussi beaucoup d'espace pour s'élever au-dessus de tout ce qui nous entoure, éviter la vie, et se perdre dans l'avenir. Dans l'ambition, au contraire, tout est présent, tout est positif ; rien n'apparaît au-delà du terme, rien ne reste après le malheur, et c'est par l'inflexibilité du calcul, et le néant du passé qu'on doit estimer ses avantages et ses pertes.

Obtenir et conserver le pouvoir, voilà tout le plan d'un ambitieux. Il ne peut jamais s'abandonner à aucun de ses mouvements, car il est rare que la nature soit un bon guide dans la route de la politique ; et par un contraste cruel, cette passion, assez violente pour vaincre tous les obstacles, condamne à la réserve continuelle qu'exige la contrainte de soi-même ; il faut qu'elle agisse avec une égale force pour exciter et pour retenir. L'amour de la gloire peut s'abandonner ; la colère, l'enthousiasme d'un héros ont quelquefois aidé son génie ; et quand ses sentiments étaient honorables, ils le servaient assez ; mais l'ambition n'a qu'un seul but. Celui qui prise ainsi le pouvoir est insensible à tout autre genre d'éclat ; cette disposition suppose une sorte de mépris pour le genre humain, une personnalité concentrée qui ferme l'ame aux autres jouissances. Le feu de cette passion dessèche, il est âpre et sombre, comme tous les sentiments qui, voués au secret par notre propre jugement sur leur nature, sont d'autant plus éprouvés que jamais on ne les exprime. L'homme ambitieux sans doute, alors qu'il a atteint ce qu'il recherche, ne ressent point ce désir inquiet qui reste après les triomphes de la gloire, son objet est en proportion avec lui ; et comme, en le perdant, il ne lui restera point de ressources personnelles, en le possédant il ne sent point de vide en lui. Le but de l'ambition est certainement aussi plus facile à obtenir que celui de la gloire : et comme le sort de l'ambitieux dépend d'un moins grand nombre d'individus que celui de l'homme célèbre, sous ce rapport il est moins malheureux ; il importe cependant bien plus de détourner de l'ambition que de l'amour de la gloire. Ce dernier sentiment est presque aussi rare que le génie, et presque jamais il n'est séparé des grands talents qui font son excuse ; comme si la Providence, dans sa bonté, n'avait pas voulu qu'une telle passion put être unie à l'impossibilité de la satisfaire, de peur que l'ame n'en fut dévorée : mais l'ambition au contraire est à la porté de la majorité des esprits, et ce serait plutôt la supériorité que la médiocrité qui en éloignerait ; il y a d'ailleurs une sorte de réflexion philosophique, qui pourrait faire illusion aux penseurs mêmes sur les avantages de l'ambition, c'est que le pouvoir est la moins malheureuse de toutes les relations qu'on peut entretenir avec un grand nombre d'hommes.

La connaissance parfaite des hommes doit amener, ou à s'affranchir de leur joug, ou à les dominer par la puissance. Ce qu'ils attendent de vous, ce qu'ils en espèrent, efface leurs défauts, et fait ressortir toutes leurs qualités. Ceux qui ont besoin de vous, sont si ingénieusement aimables, leur dévouement est si varié, leurs louanges prennent si facilement un caractère d'indépendance, leur émotion est si vive, qu'en assurant qu'ils aiment, c'est eux-mêmes qu'ils trompent autant que vous. L'action de l'espérance embellit tellement tous les caractères, qu'il faut avoir bien de la finesse dans l'esprit, et de la fierté dans le cœur, pour démêler et repousser les sentiments que votre propre pouvoir inspire : si vous voulez donc aimer les hommes, jugez-les pendant qu'ils ont besoin de vous ; mais cette illusion d'un instant est payée de toute la vie.

Les peines de la carrière de l'ambition commencent dès ses premiers pas, et son terme vaut encore mieux que la route qui doit y conduire. Si c'est avec un esprit borné qu'on veut atteindre à une place élevée, est-il un état plus pénible que ces avertissements continuels donnés par l'intérêt à l'amour propre ? Dans les situations communes de la vie, on se fait illusion sur son propre mérite ; mais un sentiment actif fait découvrir à l'ambitieux la mesure de ses moyens, et sa passion l'éclaire sur lui-même, non comme la raison qui détache, mais comme le désir qui s'inquiète ; alors, il n'est plus occupé qu'à tromper les autres, et pour y parvenir, il ne se perd pas de vue ; l'oubli d'un instant lui serait fatal, il faut qu'il arrange avec art ce qu'il sait, et ce qu'il pense, que tout ce qu'il dit ne soit destiné qu'à indiquer ce qu'il est censé cacher : il faut qu'il cherche des instruments habiles, qui le secondent, sans trahir ce qui lui manque, et des supérieurs pleins d'ignorance et de vanité, qu'on puisse détourner du jugement par la louange ; il doit faire illusion à ceux qui dépendent de lui par de la réserve, et tromper ceux dont il espère par de l'exagération. Enfin, il faut qu'il évite sans cesse tous les genres de démonstration du vrai ; mais aussi agité qu'un coupable qui craint la révélation de son secret, il sait qu'un homme d'un esprit fin peut découvrir dans le silence de la gravité, l'ignorance qui se compose, et dans l'enthousiasme de la flatterie, la froideur qui s'exalte. La pensée d'un ambitieux est constamment tendue à la recherche des symptômes d'un talent supérieur ; il éprouve tout à la fois et les peines de ce travail et son humiliation ; et pour arriver au terme de ses espérances, il doit constamment réfléchir sur les bornes de ses facultés.

Si vous supposez, au contraire, à l'homme ambitieux un génie supérieur, une ame énergique, sa passion lui commande de réussir ; il faut qu'il courbe, qu'il enchaîne tous les sentiments qui lui feraient obstacle ; il n'a pas seulement à craindre la peine des remords qui suivent l'accomplissement des actions qu'on peut se reprocher, mais la contrainte même du moment présent est une véritable douleur. On ne brave pas impunément ses propres qualités ; et celui que son ambition entraîne à soutenir à la tribune une opinion que sa fierté repousse, que son humanité condamne, que la justesse de son esprit rejette, celui-là éprouve alors un sentiment pénible, indépendant encore de la réflexion qui peut l'absoudre ou le blâmer. Il se soutient, peut-être, par l'espoir de se montrer lui-même alors qu'il aura atteint son but ; mais s'il faisait naufrage avant d'arriver au port, s'il était banni, pendant, qu'à l'imitation de Brutus, il contrefait l'insensé, vainement voudrait-il expliquer quel fut son intention, son espoir ? les actions sont toujours plus en relief que les commentaires, et ce qu'on a dit sur le théâtre n'est jamais effacé par ce qu'on écrit dans la retraite. C'est dans la lutte de leurs intérêts, et non dans le silence de leurs passions, qu'on croit découvrir les véritables opinions des hommes : et quel plus grand malheur que d'avoir mérité une réputation opposée à son propre caractère !

L'homme qui s'est jugé comme la voix publique, qui conserve au-dedans de lui tous les sentiments élevés qui l'accusent, et peut à peine s'oublier dans l'enivrement du succès, que deviendra-t-il à l'époque du malheur ? C'est par la connaissance intime des traces que l'ambition laisse dans le cœur après ses revers, et de l'impossibi-lité de fixer sa prospérité, qu'on peut juger sur-tout l'effroi qu'elle doit inspirer.

Il ne faut qu'ouvrir l'histoire, pour connaître la difficulté de maintenir les succès de l'ambition ; ils ont pour ennemis la majorité des intérêts particuliers, qui tous demandent un nouveau tirage, n'ayant point eu de lots dans le résultat actuel du sort. Ils ont pour ennemis le hasard, qui a une marche très-régulière quand on le calcule dans un certain espace de temps et avec une vaste applica-tion ; le hasard qui ramène à-peu-près les mêmes chances de succès et de revers, et semble s'être chargé de répartir également le bonheur entre les hommes. Ils ont pour ennemis le besoin qu'a le public de juger et de créer de nouveau, d'écarter un nom trop répété, d'éprouver l'émotion d'un nouvel événement : enfin, la multitude, composée d'hommes obscurs, veut que d'éclatantes chûtes relèvent de temps en temps le prix des conditions privées, et prêtent une force agissante aux raisonnements abstraits qui vantent les paisibles avantages des destinées communes.

Les places éminentes se perdent aussi par le changement qu'elles produisent sur ceux qui les possèdent. L'orgueil, ou la paresse, la défiance, ou l'aveuglement, naissent de la possession continue de la puissance ; cette situation où la modération est aussi nécessaire que l'esprit de conquête, exige une réunion presque impossible ; et l'ame qui se fatigue ou s'inquiète, s'enivre ou s'épouvante, perd la force nécessaire pour se maintenir. Je ne parle ici que des succès réels de l'ambition ; il y en a beaucoup d'apparents ; et c'est par eux qu'on devrait commencer l'histoire de ses revers. Quelques hommes ont conservés, jusques à la fin de la vie, le pouvoir qu'ils avaient acquis, mais pour le retenir, il leur en a coûté tous les efforts qu'il faut pour arriver, toutes les peines que causent la perte ; l'un est condamné à suivre le même système de dissimulation qui l'a conduit au poste qu'il occupe, et plus tremblant que ceux qui le prient, le secret de lui-même pèse sur toute sa personne ; l'autre se courbe sans cesse devant le maître quelconque, peuple ou roi, dont il tient sa puissance. Dans une monarchie, il est condamné à l'adoption de toutes les idées reçues, à l'importance de toutes les formes établies : s'il étonne, il fait ombrage, s'il reste le même, on croit qu'il s'affaiblit. Dans une démocratie, il faut qu'il devance le vœu populaire, qu'il lui obéisse en répondant de l'événement ; qu'il joue chaque jour toute sa destinée, et n'espère rien de la veille pour le lendemain. Enfin, il n'est point d'homme qui ait été possesseur paisible d'une place éminente ; le plus grand nombre en a marqué la perte par une chûte éclatante ; d'autres ont acheté sa possession par tous les tourments de l'incertitude et de la crainte ; et cependant, tel était l'effroi que causait le retour à l'existence privée, qu'un seul homme ambitieux, Sylla, ayant volontairement abdiqué le pouvoir, et survécu paisiblement à cette grande résolution ; le parti qu'il a pris est encore l'étonnement des siècles, et le problème dont les moralistes se proposent tous la solution. Charles-Quint se plongea dans la contemplation de la mort, alors, que cessant de régner, il crut cesser de vivre. Victor Amédée voulut remonter sur le trône qu'une imagination égarée lui avait fait abandonner. Enfin, nul n'est descendu sans douleur d'un rang qui le plaçait au-dessus des autres hommes ; nul ambitieux du moins, car que sont les destinées sans l'ame qui les caractérise ? Les évènements sont l'extérieur de la vie ; sa véritable source est toute entière dans nos sentiments. Dioclétien peut quitter le trône, Charles II peut le conserver en paix ; l'un est un philosophe, l'autre est un Épicurien ; ils possèdent tous deux cette couronne, objet des vœux des ambitieux ; mais ils font du trône une condition privée, et leurs qualités, comme leurs défauts, les rendent absolument étrangers à l'ambition dont leur existence serait le but. Enfin, quand il existerait une chance, de prolonger la possession des biens offerts par l'ambition, est-il une entreprise dont l'avance soit si énorme ? L'ame qui s'y livre, se rend à jamais incapable de toute autre manière d'exister ; il faut brûler tous les vaisseaux qui pourraient ramener dans un séjour tranquille, et se placer entre la conquête et la mort. L'ambition est la passion qui, dans ses malheurs, éprouve le plus le besoin de la vengeance, preuve assurée que c'est celle qui laisse après elle le moins de consolation. L'ambition dénature le cœur, quand on a tout jugé par rapport à soi, comment se transporter dans un autre ? quand on n'a examiné ceux qui nous entouraient que comme des instruments ou des obstacles, comment voir en eux des amis ? L'égoïsme, dans le cours naturel de l'histoire de l'ame, est le défaut de la vieillesse, parce que c'est celui dont on ne peut jamais se corriger. Passer de l'occupation de soi à celle de tout autre objet, est une sorte de régénération morale dont il existe bien peu d'exemples.

L'amour de la gloire a tant de grandeur dans ses succès, que ses revers en prennent aussi l'empreinte ; la mélancolie peut se plaire dans leur contemplation, et la pitié qu'ils inspirent a des caractères de respect qui servent à soutenir le grand homme qui s'en voit l'objet. On sait que son espoir était de s'immortaliser par des services publics, que les couronnes de la renommée furent le seul prix dont il poursuivit l'honneur ; il semble que les hommes en l'abandonnant courent des risques personnels. Quelques-uns d'eux craignent de se tromper, en renonçant au bien qu'il voulait leur faire ; aucun ne peut mépriser ni ses efforts, ni son but ; il lui reste sa valeur personnelle, et l'appel à la postérité ; et si l'injustice le renverse, l'injustice aussi sert de recours à ses regrets. Mais l'ambitieux, privé du pouvoir, ne vit plus qu'à ses propres yeux : il a joué, il a perdu ; telle est l'histoire de sa vie. Le public a gagné contre lui, car les avantages qu'il possédait sont rendus à l'espoir de tous, et le triomphe de ses rivaux est la seule sensation vive que produise sa retraite. Bientôt celle-là même s'efface, et la meilleure chance de bonheur pour cette situation, c'est la facilité qu'on trouve à se faire oublier : mais par une réunion cruelle, le monde qu'on voudrait occuper, ne se rappelle plus de votre existence passée, et ceux qui vous approchent ne peuvent en perdre le souvenir.

La gloire d'un grand homme jette au loin un noble éclat sur ceux qui lui appartiennent ; mais les places, les honneurs dont disposait l'ambitieux atteignent à tous les intérêts de tous les instants. Les palmes du génie tiennent à une respectueuse distance de leur vainqueur ; les dons de la fortune rapprochent, pressent autour de vous, et comme ils ne laissent après eux aucun droit à l'estime, lorsqu'ils vous sont ravis, tous vos liens sont rompus, ou si quelque pudeur retient encore quelques amis, tant de regrets personnels reviennent à leur pensée, qu'ils reprochent sans cesse à celui qui perd tout, la part qu'ils avaient dans ses jouissances, lui-même ne peut échapper à ses souvenirs ; les privations les plus douloureuses sont celles qui touchent à la fois à l'ensemble et aux détails de toute la vie. Les jouissances de la gloire, éparses dans le cours de la destinée, époques dans un grand nombre d'années, accoutument, dans tous les temps, à de longs intervalles de bonheur ; mais la possession des places et des honneurs, étant un avantage habituel, leur perte doit se ressentir à tous les moments de la vie. L'amant de la gloire a une conscience, c'est la fierté ; et quoique ce sentiment rende beaucoup moins indépendant que le dévouement à la vertu, il affranchit des autres, s'il ne donne pas de l'empire sur soi-même. L'ambitieux n'a jamais mis la dignité du caractère au-dessus des avantages du pouvoir, et comme aucun prix ne lui a paru trop cher pour l'acquérir, aucune consolation ne doit lui rester après l'avoir perdu. Pour aimer et posséder la gloire, il faut des qualités tellement éminentes, que si leur plus grande action est au dehors de nous, cependant elles peuvent encore servir d'aliment à la pensée dans le silence de la retraite ; mais la passion de l'ambition, les moyens qu'il faut pour réussir dans ses désirs, sont nuls pour tout autre usage : c'est de l'impulsion plutôt que de la véritable force ; c'est une sorte d'ardeur qui ne peut se nourrir de ses propres ressources ; c'est le sentiment le plus ennemi du passé, de la réflexion, de tout ce qui retombe sur soi-même. L'opinion, blâmant les peines de l'ambition trompée, y met le comble en se refusant à les plaindre : et ce refus est injuste, car la pitié doit avoir une autre destination que l'estime ; c'est à l'étendue du malheur qu'il faut la proportionner. Enfin, les malheurs de l'ambition sont d'une telle nature, que les caractères les plus forts n'ont jamais trouvés, en eux-mêmes, la puissance de s'y soumettre.

Le cardinal Alberoni voulait encore dominer la république de Lucques qu'il avait choisie pour retraite. On voit des vieillards traîner à la cour l'inquiétude qui les agite, bravant le ridicule et le mépris pour s'attacher à la dernière ombre du passé.

La passion de la gloire ne peut être trompée sur son objet ; elle veut, ou le posséder en entier, ou rejeter tout ce qui serait un diminutif de lui-même ; mais l'ambition a besoin de la première, de la seconde, de la dernière place dans l'ordre du crédit et du pouvoir, et se rattache à chaque degré, cédant à l'horreur que lui inspire la privation absolue de tout ce qui peut combler ou satisfaire, ou même faire illusion à ses désirs.

Ne peut-on pas, dira-t-on, vivre après avoir possédé de grandes places, comme avant de les avoir obtenues ? Non : jamais un effort impuissant ne laisse revenir au point dont il voulait vous sortir, la réaction fait redescendre plus bas ; et le grand et cruel caractère des passions c'est d'imprimer leur mouvement à toute la vie, et leur bonheur à peu d'instants.

Si ces considérations générales suffisent pour éclairer sur la juste influence de l'ambition sur le bonheur, les auteurs, les témoins, les contemporains de la révolution de France, doivent trouver au fond de leur cœur de nouveaux motifs d'éloignement pour toutes les passions politiques ?

Dans les temps de révolution, c'est l'ambition seule qui peut obtenir des succès. Il reste encore des moyens d'acquérir du pouvoir, mais l'opinion qui distribue la gloire, l'opinion n'existe plus ; le peuple commande au lieu de juger ; jouant un rôle actif dans tous les évènements, il prend parti pour ou contre tel ou tel homme. Il n'y a plus dans une nation que des combattants, l'impartial pouvoir qu'on appelle le public, ne se montre nulle part. Ce qui est grand et juste d'une manière absolue, n'est donc plus reconnu ; tout est estimé dans son rapport avec les passions du moment : les étrangers n'ont aucun moyen de connaître l'estime qu'ils doivent à une conduite que tous les témoins ont blâmée ; aucune voix même, peut-être, ne la rapportera fidèlement à la postérité. Au milieu d'une révolution, il faut en croire ou l'ambition ou la conscience, nul autre guide ne peut conduire à son but. Et quelle ambition ! quel horrible sacrifice elle impose ! quelle triste couronne elle promet ! Une révolution suspend toute autre puissance que celle de la force ; l'ordre

social établit l'ascendant de l'estime, de la vertu : les révolutions
mettent tous les hommes aux prises avec leurs moyens physiques ; la
sorte d'influence morale qu'elles admettent, c'est le fanatisme de
certaines idées qui n'étant susceptible d'aucune modification, ni
d'aucune borne, sont des armes de guerre, et non des calculs de l'esprit. Pour être donc ambitieux dans une révolution, il faut marcher
toujours en avant de l'impulsion donnée, c'est une descente rapide
où l'on ne peut s'arrêter ; vainement on voit l'abyme ; si l'on se jette
en bas du char, on est brisé par cette chûte ; éviter le péril, est plus
dangereux que l'affronter : il faut conduire soi-même dans le sentier
qui doit vous perdre, et le moindre pas retrograde renverse l'homme
sans détourner l'événement. Il n'est rien de plus insensé que de se
mêler dans des circonstances tout-à-fait indépendantes de la
volonté individuelle, c'est attacher bien plus que sa vie, c'est livrer
toute la moralité de sa conduite à l'entraînement d'un pouvoir matériel. On croit influer dans les révolutions, on croit agir, être cause, et
l'on n'est jamais qu'une pierre de plus lancée par le mouvement de la
grande roue ; un autre aurait pris votre place, un moyen différent
eut amené le même résultat ; le nom de chef signifie le premier
précipité par la troupe qui marche derrière, et pousse en avant.

Les revers et les succès de tout ce qu'on voit dominer dans une
révolution, ne sont que la rencontre heureuse ou malheureuse de tel
homme avec telle période de la nature des choses. Il n'est point de
factieux de bonne foi qui puisse prédire ce qu'il fera le lendemain ;
car c'est la puissance qu'il importe à une faction d'obtenir plutôt que
le but d'abord poursuivi ; on peut triompher en faisant le contraire
de ce qu'on a projeté, si c'est le même parti qui gouverne, et les fanatiques seuls retiennent les factieux dans la même route ; ces derniers
ne cherchent que le pouvoir, et jamais ambition ne coûta tant au
caractère. Dans ces temps, pour dominer à un certain degré les
autres hommes, il faut qu'ils n'aient pas de données sûres pour
calculer à l'avance votre conduite, dès qu'ils vous savent inviolable-
ment attachés à tels principes de moralité, ils se postent en attaque
sur la route que vous devez suivre. Pour obtenir, pour conserver
quelques moments le pouvoir dans une révolution, il ne faut écouter
ni son ame, ni son esprit même. Quel que soit le parti qu'on ait
embrassé, la faction est démagogue dans son essence, elle est
composée d'hommes qui ne veulent pas obéir, qui se sentent nécessaires, et ne se croient point liés à ceux qui les commandent ; elle est
composée d'hommes prêts à choisir de nouveaux chefs chaque jour,

parce qu'il n'est question que de leur intérêt, et non d'une subordination antérieure, naturelle ou politique : il importe plus aux chefs de n'être pas suspects à leurs soldats, que redoutables à leurs ennemis. Des crimes de tout genre, des crimes inutiles aux succès de la cause, sont commandés par le féroce enthousiasme de la populace ; elle craint la pitié, quel que soit le degré de sa force, c'est par de la fureur, et non de la clémence qu'elle sent son pouvoir. Un peuple qui gouverne, ne cesse jamais d'avoir peur, il se croit toujours au moment de perdre son autorité, et disposé, par sa situation, au mouvement de l'envie, il n'a jamais pour les vaincus, l'intérêt qu'inspire la faiblesse opprimée, il ne cesse pas de les redouter. L'homme donc qui veut acquérir une grande influence dans ces temps de crise doit rassurer la multitude par son inflexible cruauté. Il ne partage point les terreurs que l'ignorance fait éprouver, mais il faut qu'il accomplisse les affreux sacrifices qu'elle demande ; il faut qu'il immole des victimes qu'aucun intérêt ne lui fait craindre, que son caractère souvent lui inspirait le désir de sauver ; il faut qu'il commette des crimes sans égarement, sans fureur, sans atrocité même, à l'ordre d'un souverain dont il ne peut prévoir les commandements, et dont son ame éclairée ne saurait adopter aucune des passions. Eh ! quel prix pour de tels efforts ! quel sorte de suffrage on obtient ! combien est tyrannique la reconnaissance qui couronne ! on voit si bien les bornes de son pouvoir, on sent si souvent qu'on obéit alors même qu'on a l'air de commander ; les passions des hommes sont tellement mises en dehors dans un temps de révolution, qu'aucune illusion n'est possible ; et la plus magique des émotions, celle que fait éprouver les acclamations de tout un peuple, ne peut plus se renouveler pour celui qui a vu ce peuple dans les mouvements d'une révolution. Comme Cromwell, il dit en traversant la foule dont les suffrages le couronnent : « Ils applaudiraient de même si l'on me conduisait à l'échafaud ». Cet avenir n'est séparé de soi par aucun intervalle, demain peut en être le jour ; vos juges, vos assassins sont dans la multitude qui vous entourent ; et le transport qui vous exalte est l'impulsion même qui peut vous renverser. Quel danger vous menace, quelle rapidité dans la chûte, quelle profondeur dans l'abyme ! sans que le succès soit élevé plus haut, le revers vous fait tomber plus bas, vous enfonce plus avant dans le néant de votre destinée. La diversité des opinions empêche aucune gloire de s'établir, mais ces mêmes opinions se réunissent toutes pour le mépris ; il prend un caractère d'acclamation, et le peuple, quand il abandonne l'ambitieux, s'éclairant sur les crimes qu'il lui a fait commettre, l'accable pour s'en absoudre ; celui qui prend pour guide sa conscience est sûr de son but ; mais malheur à l'homme avide de pouvoir, qui s'est élancé dans une révolution. Cromwell est resté usurpateur, parce que le principe des troubles qu'il avait fait naître était la religion, qui soulève sans déchaîner, était un sentiment superstitieux, qui portait à changer de maître, mais non à détester tous les jougs. Mais quand la cause des révolutions est l'exaltation de toutes les idées de liberté, il ne se peut pas que les premiers chefs de l'insurrection conservent de la puissance ; il faut qu'ils excitent le mouvement qui les renversera les premiers ; il faut qu'ils développent les principes qui servent à les juger : enfin, ils peuvent servie leur opinion, mais jamais leur intérêt, et dans une révolution le fanatisme est plus sensé que l'ambition.

3

DE LA VANITÉ

On se demande, si la vanité est une passion ? En considérant l'insuffisance de son objet, on serait tenté d'en douter ; mais en observant la violence des mouvements qu'elle inspire, on y reconnaît tous les caractères des passions, et l'on retrouve tous les malheurs qu'elles entraînent, dans la dépendance servile où ce sentiment vous met du cercle qui vous entoure. L'amour de la gloire se fonde sur ce qu'il y a de plus élevé dans la nature de l'homme ; l'ambition tient à ce qu'il y a de plus positif dans les relations des hommes entr'eux ; la vanité s'attache à ce qui n'a de valeur réelle, ni dans soi, ni dans les autres, à des avantages apparents, à des effets passagers, elle vit du rebut des deux autres passions ; quelquefois cependant elle se réunit à leur empire ; l'homme atteint aux extrêmes par sa force et sa faiblesse, mais plus habituellement la vanité l'emporte sur-tout dans les caractères qui l'éprouvent. Les peines de cette passion sont assez peu connues, parce que ceux qui les ressentent en gardent le secret, et que tout le monde étant convenu de mépriser ce sentiment, jamais on n'avoue les souvenirs ou les craintes dont il est l'objet.

L'un des premiers chagrins de la vanité est de trouver en elle-même et la cause de ses malheurs et le besoin de les cacher. La vanité se nourrit de succès trop peu relevés pour qu'il existe aucune dignité dans ses revers.

La gloire, l'ambition se nomment. La vanité règne quelquefois à l'insu même du caractère qu'elle gouverne ; jamais du moins sa puissance n'est publiquement reconnue par celui qui s'y soumet : il voudrait qu'on le crût supérieur aux succès qu'il obtient, comme à ceux qui lui sont refusés ; mais le public, dédaignant son but, et remarquant ses efforts, déprise la possession, en rendant amère la perte. L'importance de l'objet auquel on aspire ne donne point la mesure de la douleur que fait éprouver la privation, c'est à la violence du désir qu'il inspirait, c'est sur-tout à l'opinion que les autres se sont formés de l'activité de nos souhaits, que cette douleur se proportionne. Ce qui caractérise les peines de la vanité, c'est qu'on apprend par les autres, bien plus que par son sentiment intime, le degré de chagrin qu'on doit en ressentir : plus on vous croit affligé, plus on se trouve de raisons de l'être. Il n'est aucune passion qui ramène autant à soi, mais il n'en est aucune qui vienne moins de notre propre mouvement, toutes ses impulsions arrivent du dehors. C'est non-seulement à la réunion des hommes en société que ce sentiment est dû, mais c'est à un degré de civilisation qui n'est pas connu dans tous les pays, et dont les effets seraient presque impossibles à concevoir pour un peuple dont les institutions et les mœurs seraient simples ; car la nature éloigne des mouvements de la vanité, et l'on ne peut comprendre comment des malheurs si réels naissent de mouvements si peu nécessaires.

Avez-vous jamais rencontré Damon ? Il est d'une naissance obscure ; il le sait, il est certain que personne ne l'ignore ; mais au lieu de dédaigner cet avantage par intérêt et par raison, il n'a qu'un but dans l'existence, c'est de vous parler des grands seigneurs avec lesquels il a passé sa vie ; il les protège, de peur d'en être protégé ; il les appelle par leur nom, tandis que leurs égaux y joignent leurs titres, et se fait reconnaître subalterne par l'inquiétude même de le paraître. Sa conversation est composée de parenthèses, principal objet de toutes ses phrases ; il voudrait laisser échapper ce qu'il a le plus grand besoin de dire ; il essaye de se montrer fatigué de tout ce qu'il envie ; pour se faire croire à son aise, il tombe dans les manières familières ; il s'y confirme, parce que personne ne compte assez avec lui pour les repousser, et tout ce dont il est flatté dans le monde est un composé du peu d'importance qu'on met à lui, et du soin qu'on a de ménager ses ridicules pour ne pas perdre le plaisir de s'en moquer. Sur qui produit-il l'effet qu'il souhaite ? Sur personne, peut-être même il s'en doute, mais la vanité s'exerce pour elle-même ; en voulant détromper l'homme vain, on l'agite, mais on ne le corrige pas, l'espérance renaît à l'instant même du dégoût, ou plutôt, comme il arrive souvent dans la plupart des passions, sans concevoir précisément de l'espérance, on ne peut se résigner au sacrifice.

Connaissez-vous Licidas ? il a vieilli dans les affaires sans y prendre une idée, sans atteindre à un résultat, cependant il se croit l'esprit des places qu'il a occupées ; il vous confie ce qu'ont imprimé les gazettes ; il parle avec circonspection même des ministres du siècle dernier ; il achève ses phrases par une mine concentrée, qui ne signifie pas plus que les paroles ; il a des lettres de ministres, d'hommes puissans, dans sa poche, qui lui parlent du temps qu'il fait, et lui semblent une preuve de confiance ; il frémit à l'aspect de ce qu'il appelle une mauvaise tête, et donne assez volontiers ce nom à tout homme supérieur ; il a une diatribe contre l'esprit à laquelle la majorité d'un sallon applaudit presque toujours, *c'est*, vous dit-il, *un obstacle à bien voir que l'esprit, les gens d'esprit n'entendent point les affaires.* Licidas, il est vrai que vous n'avez pas d'esprit, mais il n'est pas prouvé pour cela que vous soyez capable de gouverner un empire.

On tire très-souvent vanité des qualités qu'on n'a pas ; on voit des hommes se glorifier des facultés spirituelles ou sensibles qui leur manquent. L'homme vain s'enorgueillit de tout lui-même indistinctement, *c'est moi, c'est encore moi*, s'écrie-t-il ; cet égoïsme d'enthousiasme fait un charme à ses yeux de chacun de ses défauts. – Cléon est encore à cet égard un bien plus brillant spectacle ; toutes les prétentions à la fois sont entrées dans son ame ; il est laid, il se croit aimé, son livre tombe, c'est par une cabale qui l'honore, on l'oublie, il pense qu'on le persécute ; il n'attend pas que vous l'ayez loué, il vous dit ce que vous devez penser ; il vous parle de lui sans que vous l'interrogiez, il ne vous écoute pas si vous lui répondez, il aime mieux s'entendre, car vous ne pouvez jamais égaler ce qu'il va dire de lui-même. Un homme d'un esprit infini disait, en parlant de ce qu'on pouvait appeler précisément un homme orgueilleux et vain, *en le voyant j'éprouve un peu du plaisir que cause le spectacle d'un bon ménage, son amour-propre et lui vivent si bien ensemble.* En effet, quand l'amour-propre est arrivé à un certain excès, il se suffit assez à lui-même pour ne pas s'inquiéter, pour ne pas douter de l'opinion des autres ; c'est presque une ressource qu'on trouve en soi, et cette crédulité dans son propre mérite a bien quelques-uns des avantages de tous les cultes, fondés sur une ferme croyance.

Mais puisque la vanité est une passion, celui qui l'éprouve ne peut être tranquille ; séparé de toutes les jouissances impersonnelles, de toutes les affections sensibles, cet égoïsme détruit la possibilité d'aimer, il n'y a point de but plus stérile que soi-même ; l'homme n'accroît ses facultés qu'en les dévouant au dehors de lui, à une opinion, à un attachement, à une vertu quelconque. La vanité, l'orgueil donnent quelque chose de stationnaire à la pensée, qui ne permet pas de sortir du cercle le plus étroit, et cependant dans ce cercle, il y a une puissance de malheur plus grande que dans toute autre existence dont les intérêts seraient plus multipliés. En concentrant sa vie, on concentre aussi sa douleur, et qui n'existe que pour soi, diminue ses moyens de jouir, en se rendant d'autant plus accessible à l'impression de la souffrance : on voit cependant à l'extérieur de certains hommes, de tels simptômes de contentement et de sécurité, qu'on serait tenté d'ambitionner leur vanité comme la seule jouissance véritable, puisque c'est la plus parfaite des illusions ; mais une réflexion détruit toute l'autorité de ces signes apparents, c'est que de tels hommes, n'ayant pour objet dans la vie que l'effet qu'ils produisent sur les autres, sont capables, pour dérober à tous les regards les tourments secrets que des revers ou des dégoûts leur causent, d'un genre d'effort dont aucun autre motif ne donnerait le pouvoir. Dans la plupart des situations, le bonheur même fait partie du faste des hommes vains, ou s'ils avouaient une peine, ce ne serait jamais que celle qu'il est honorable de ressentir.

La vanité des hommes supérieurs les fait prétendre aux succès auxquels ils ont le moins de droit ; cette petitesse des grands génies se retrouve sans cesse dans l'histoire ; on voit des écrivains célèbres ne mettre de prix qu'à leurs faibles succès dans les affaires publiques ; des guerriers, des ministres courageux et fermes, être avant tous flattés de la louange accordée à leurs médiocres écrits ; des hommes, qui ont de grandes qualités, ambitionner de petits avantages : enfin, comme il faut que l'imagination allume toutes les passions, la vanité est bien plus active sur les succès dont on doute, sur les facultés dont on ne se croit pas sûr ; l'émulation excite nos qualités véritables ; la vanité se place en avant de tout ce qui nous manque ; la vanité souvent ne détruit pas la fierté ; et comme rien n'est si esclave que la vanité, et si indépendant, au contraire, que la véritable fierté, il n'est pas de supplice plus cruel, que la réunion de ces deux sentiments dans le même caractère. On a besoin de ce qu'on méprise, on ne peut s'y soumettre, on ne peut s'en affranchir, c'est à ses propres yeux que l'on rougit, c'est à ses propres yeux que l'on produit l'effet que le spectacle de la vanité fait éprouver à un esprit éclairé et à une ame élevée.

Cette passion qui n'est grande que par la peine qu'elle cause, et ne peut, qu'à ce seul titre marcher de pair avec les autres, se développe parfaitement dans les mouvements des femmes : tout en elles, est amour ou vanité. Dès qu'elles veulent avoir avec les autres des rapports plus étendus ou plus éclatants que ceux qui naissent des sentiments doux qu'elles peuvent inspirer à ce qui les entoure, c'est à des succès de vanité qu'elles prétendent. Les efforts qui peuvent valoir aux hommes de la gloire et du pouvoir, n'obtiennent presque jamais aux femmes qu'un applaudissement éphémère, un crédit d'intrigue ; enfin, un genre de triomphe du ressort de la vanité, de ce sentiment en proportion avec leurs forces et leur destinée : c'est donc en elles qu'il faut l'examiner.

Il est des femmes qui placent leur vanité dans des avantages qui ne leur sont point personnels ; tels que la naissance, le rang et la fortune : il est difficile de moins sentir la dignité de son sexe. L'origine de toutes les femmes est céleste, car c'est aux dons de la nature qu'elles doivent leur empire : en s'occupant de l'orgueil et de l'ambition, elles font disparaître tout ce qu'il y a de magique dans leurs charmes ; le crédit qu'elles obtiennent ne paraissant jamais qu'une existence passagère et bornée, ne leur vaut point la considération attachée à un grand pouvoir, et les succès qu'elles conquèrent ont le caractère distinctif des triomphes de la vanité : ils ne supposent, ni estime, ni respect pour l'objet à qui on les accorde. Les femmes animent ainsi contr'elles les passions de ceux qui ne voulaient penser qu'à les aimer. Le seul vrai ridicule, celui qui naît du contraste avec l'essence des choses, s'attache à leurs efforts : lorsqu'elles s'opposent aux projets, à l'ambition des hommes, elles excitent le vif ressentiment qu'inspire un obstacle inattendu ; si elles se mêlent des intrigues politiques dans leur jeunesse, la modestie doit en souffrir ; si elles sont vieilles, le dégoût qu'elles causent comme femmes, nuit à leur prétention comme homme. La figure d'une femme, quelle que soit la force ou l'étendue de son esprit, quelle que soit l'importance des objets dont elle s'occupe, est toujours un obstacle ou une raison dans l'histoire de sa vie ; les hommes l'ont voulu ainsi. Mais plus ils sont décidés à juger une femme selon les avantages ou les défauts de son sexe, plus ils détestent de lui voir embrasser une destinée contraire à sa nature. Ces réflexions ne sont point destinées, on le croira facilement −, à détourner les femmes de toute occupation sérieuse, mais du malheur de se prendre jamais elles-mêmes pour but de leurs efforts. Quand la part qu'elles ont dans les affaires naît de leur attachement pour celui qui les dirige, quand le sentiment seul dicte leurs opinions, inspire leurs démarches, elles ne s'écartent point de la route que la nature leur a tracée : elles aiment, elles sont femmes ; mais quand elles se livrent à une active personnalité, quand elles veulent ramener à elles tous les évènements, et les considèrent dans le rapport de leur propre influence, de leur intérêt individuel, alors à peine sont-elles dignes des applaudissements éphémères dont les triomphes de la vanité se composent. Les femmes ne sont presque jamais honorées par aucun genre de prétentions ; les distinctions de l'esprit même, qui sembleraient offrir une carrière plus étendue, ne leur valent souvent qu'une existence à la hauteur de la vanité. La raison de ce jugement inique ou juste, c'est que les hommes ne voient aucun genre d'utilité générale à encourager les succès des femmes dans cette carrière, et que tout éloge qui n'est pas fondé sur la base de l'utilité, n'est ni profond, ni durable, ni universel. Le hasard amène quelques exceptions, s'il est quelques ames entraînées, ou par leur talent, ou par leur caractère, elles s'écarteront, peut-être, de la règle commune, et quelques palmes de gloire peuvent un jour les couronner ; mais elles n'échapperont pas à l'inévitable malheur qui s'attachera toujours à leur destinée.

Le bonheur des femmes perd à toute espèce d'ambition personnelle. Quand elles ne veulent plaire que pour être aimées ; quand ce doux espoir est le seul motif de leurs actions, elles s'occupent plus de se perfectionner que de se montrer, de former leur esprit pour le bonheur d'un autre que pour l'admiration de tous : mais quand elles aspirent à la célébrité, leurs efforts, comme leurs succès, éloignent le sentiment qui, sous des noms différents, doit toujours faire le destin de leur vie. Une femme ne peut exister par elle ; la gloire même ne lui servirait pas d'un appui suffisant, et l'insurmontable faiblesse de sa nature et de sa situation dans l'ordre social, l'a placée dans une dépendance de tous les jours dont un génie immortel ne pourrait encore la sauver. D'ailleurs, rien n'efface dans les femmes ce qui distingue particulièrement leur caractère. Celle qui se vouerait à la solution des problèmes d'Euclide, voudrait encore le bonheur attaché aux sentiments qu'on inspire et qu'on éprouve ; et quand elles suivent une carrière qui les en éloigne, leurs regrets douloureux, ou leurs prétentions ridicules prouvent que rien ne

peut les dédommager de la destinée pour laquelle leur ame était
créée. Il semble que des succès éclatants offrent des jouissances
d'amour propre, à l'ami de la femme célèbre, qui les obtient ; mais
l'enthousiasme que ces succès font naître a peut-être moins de
durée, que l'attrait fondé sur les avantages les plus frivoles. Les
critiques, qui suivent nécessairement les éloges, détruisent la sorte
d'illusion à travers laquelle toutes les femmes ont besoin d'être
vues. L'imagination peut créer, embellir par ses chimères, un objet
inconnu ; mais celui que tout le monde a jugé, ne reçoit plus rien
d'elle. La véritable valeur reste, mais l'amour est plus épris de ce
qu'il donne que de ce qu'il trouve. L'homme se complaît dans la
supériorité de sa nature, et, comme Pigmalion, il ne se prosterne
que devant son ouvrage. Enfin, si l'éclat de la célébrité d'une femme
attire des hommages sur ses pas, c'est par un sentiment peut-être
étranger à l'amour ; Il en prend les formes, mais c'est comme un
moyen d'avoir accès auprès de la nouvelle sorte de puissance qu'on
veut flatter. On approche d'une femme distinguée comme d'un
homme en place ; la langue dont on se sert n'est pas semblable, mais
le motif est pareil. Quelquefois, enivrés par le concours des
hommages qui environnent la femme dont ils s'occupent, les adora-
teurs s'exaltent mutuellement, mais dans leur sentiment ils
dépendent les uns des autres. Les premiers qui s'éloigneraient,
pourraient détacher ceux qui restent, et celle qui semble l'objet de
toutes leurs pensées, s'aperçoit bientôt qu'elle retient chacun d'eux
par l'exemple de tous.

De quels sentiments de jalousie et de haine les grands succès
d'une femme ne sont-ils pas l'objet ! que de peines causées par les
moyens sans nombre que l'envie prend pour la persécuter ! La
plupart des femmes sont contr'elle, par rivalité, par sottise, ou par
principe. Les talents d'une femme, quels qu'ils soient, les inquiètent
toujours dans leurs sentiments. Celles à qui les distinctions de l'esprit sont à jamais interdites, trouvent mille manières de les attaquer
quand c'est une femme qui les possède ; une jolie personne, en
déjouant ces distinctions, se flatte de signaler ses propres avantages.
Une femme qui se croit remarquable par la prudence et la mesure de
son esprit, et qui n'ayant jamais eu deux idées dans la tête, veut
passer pour avoir rejeté tout ce qu'elle n'a jamais compris, une telle
femme sort un peu de sa stérilité accoutumée, pour trouver mille
ridicules à celle dont l'esprit anime et varie la conversation : et les
mères de famille, pensant, avec quelque raison, que les succès

mêmes du véritable esprit ne sont pas conformes à la destination des femmes, voient attaquer avec plaisir celles qui en ont obtenu.

D'ailleurs, la femme qui, en atteignant à une véritable supériorité, pourrait se croire au-dessus de la haine, et s'élèverait par sa pensée au sort des hommes les plus célèbres ; cette femme n'aurait jamais le calme et la force de tête qui les caractérisent ; l'imagination serait toujours la première de ses facultés : son talent pourrait s'en accroître, mais son ame serait trop fortement agitée, ses sentiments seraient troublés par ses chimères, ses actions entraînées par ses illusions ; son esprit, pourrait mériter quelque gloire, en donnant à ses écrits la justesse de la raison ; mais les grands talents, unis à une imagination passionnée, éclairent sur les résultats généraux et trompent sur les relations personnelles. Les femmes sensibles et mobiles, donneront toujours l'exemple de cette bizarre union de l'erreur et de la vérité, de cette sorte d'inspiration de la pensée, qui rend des oracles à l'univers, et manque du plus simple conseil pour soi-même. En étudiant le petit nombre de femmes qui ont de vrais titres à la gloire, on verra que cet effort de leur nature fut toujours aux dépens de leur bonheur. Après avoir chanté les plus douces leçons de la morale et de la philosophie, Sapho se précipita du haut du rocher de Lencade ; Élisabeth, après avoir dompté les ennemis de l'Angleterre, périt victime de sa passion pour le comte d'Essex. Enfin, avant d'entrer dans cette carrière de gloire, soit que le trône des Césars, ou les couronnes du génie littéraire en soient le but, les femmes doivent penser que, pour la gloire même, il faut renoncer au bonheur, et au repos de la destinée de leur sexe ; et qu'il est dans cette carrière bien peu de sorts qui puissent valoir la plus obscure vie d'une femme aimée et d'une mère heureuse.

En quittant un moment l'examen de la vanité, j'ai jugé jusqu'à l'éclat d'une grande renommée ; mais que dirai-je de toutes ces prétentions à de misérables succès littéraires pour lesquels on voit tant de femmes négliger leurs sentiments et leurs devoirs. Absorbées par cet intérêt, elles abjurent, plus que les guerrières du temps de la chevalerie, le caractère distinctif de leur sexe ; car il vaut mieux partager dans les combats les dangers de ce qu'on aime, que se traîner dans les luttes de l'amour propre, exiger du sentiment, des hommages pour la vanité, et puiser ainsi dans la source éternelle pour satisfaire le mouvement le plus éphémère, et le désir dont le but est le plus restreint : l'agitation que fait éprouver aux femmes une prétention plus naturelle, puisqu'elle tient de plus près à l'espoir d'être aimée ; l'agitation que fait éprouver aux femmes le besoin de plaire par les agréments de leur figure, offre aussi le tableau le plus frappant des tourments de la vanité.

Regardez une femme au milieu d'un bal, désirant d'être trouvée la plus jolie, et craignant de n'y pas réussir. Le plaisir au nom duquel on se rassemble est nul pour elle ; elle ne peut en jouir dans aucun moment ; car il n'en est point qui ne soit absorbé et par sa pensée dominante, et par les efforts qu'elle fait pour la cacher. Elle observe les regards, les plus légers signes de l'opinion des autres, avec l'attention d'un moraliste, et l'inquiétude d'un ambitieux, et voulant dérober à tous les yeux le tourment de son esprit, c'est à l'affectation de sa gaîté pendant le triomphe de sa rivale, à la turbulence de la conversation qu'elle veut entretenir pendant que cette rivale est applaudie, à l'empressement trop vif qu'elle lui témoigne, c'est au superflu de ses efforts enfin qu'on aperçoit son travail. La grâce, ce charme suprême de la beauté, ne se développe que dans le repos du naturel, et de la confiance ; les inquiétudes et la contrainte ôtent les avantages mêmes qu'on possède ; le visage s'altère par la contraction de l'amour propre. On ne tarde pas à s'en apercevoir, et le chagrin que cause une telle découverte augmente encore le mal qu'on voudrait réparer. La peine se multiplie par la peine, et le but s'éloigne par l'action même du désir ; et dans ce tableau qui semblerait ne devoir rappeler que l'histoire d'un enfant, se trouvent les douleurs d'un homme, les mouvements qui conduisent au désespoir et font haïr la vie ; tant les intérêts s'accroissent par l'intensité de l'attention qu'on y attache ; tant la sensation qu'on éprouve, naît du caractère qui la reçoit bien plus que de l'objet qui la donne.

Eh bien, à côté du tableau de ce bal, où les prétentions les plus frivoles ont mis la vanité dans tout son jour, c'est dans le plus grand événement qui ait agité l'espèce humaine, c'est dans la révolution de France qu'il faut en observer le développement complet : ce sentiment, si borné dans son but, si petit dans son mobile, qu'on pouvait hésiter à lui donner une place parmi les passions ; ce sentiment a été l'une des causes du plus grand choc qui ait ébranlé l'univers. Je n'appellerai point vanité le mouvement qui a porté vingt-quatre millions d'hommes à ne pas vouloir des privilèges de deux cent mille, c'est la raison qui s'est soulevée, c'est la nature qui a reprit son niveau. Je ne dirai pas même que la résistance de la noblesse à la révolution ait été produite par la vanité ; le règne de la terreur a fait porter sur cette classe des persécutions et des malheurs qui ne permettent plus de

rappeler le passé. Mais c'est dans la marche intérieure de la révolution, qu'on peut observer l'empire de la vanité, du désir des applaudissements éphémères, *du besoin de faire effet*, de cette passion native
de France, et dont les étrangers, comparativement à nous, n'ont
qu'une idée très-imparfaite. – Un grand nombre d'opinions ont été
dictées par l'envie de surpasser l'orateur précédent, et de se faire
applaudir après lui ; l'introduction des spectateurs dans la salle des
délibérations a suffi seule pour changer la direction des affaires en
France. D'abord on n'accordait aux applaudissements que des
phrases ; bientôt, pour obtenir ces applaudissements, on a cédé des
principes, proposé des décrets, approuvé jusqu'à des crimes ; et par
une double et funeste réaction, ce qu'on faisait pour plaire à la foule,
égarait son jugement, et ce jugement égaré exigeait de nouveaux
sacrifices. Ce n'est pas d'abord à satisfaire des sentiments de haine et
de fureur que des décrets barbares ont été consacrés, c'est aux battements de main des tribunes ; ce bruit enivrait les orateurs et les
jetait dans l'état où les liqueurs fortes plongent les sauvages ; et les
spectateurs eux-mêmes qui applaudissaient, voulaient par ces signes
d'approbation, faire effet sur leurs voisins, et jouissaient d'exercer de
l'influence sur leurs représentants : sans doute, l'ascendant de la
peur a succédé à l'émulation de la vanité, mais la vanité avait créé
cette puissance qui a anéanti, pendant un temps, tous les mouvements spontanés des hommes. Bientôt après le règne de la terreur,
on voyait la vanité renaître, les individus les plus obscurs se
vantaient d'avoir été portés sur des listes de proscriptions : la
plupart des Français qu'on rencontre, tantôt prétendent avoir joué le
rôle le plus important, tantôt assurent que rien de ce qui s'est passé
en France ne serait arrivé, si l'on avait cru le conseil que chacun
d'eux a donné dans tels lieux, à telle heure, pour telle circonstance.
Enfin, en France, on est entouré d'hommes, qui tous se disent le
centre de cet immense tourbillon ; on est entouré d'hommes, qui
tous auraient préservé la France de ses malheurs, si on les avait
nommés aux premières places du gouvernement, mais qui tous, par
le même sentiment, se refusent à se confier à la supériorité, à reconnaître l'ascendant du génie ou de la vertu. C'est une importante
question qu'il faut soumettre aux philosophes et aux publicistes, de
savoir si la vanité sert ou nuit au maintien de la liberté dans une
grande nation ; elle met d'abord certainement un véritable obstacle à
l'établissement d'un gouvernement nouveau ; il suffit qu'une constitution ait été faite par tels hommes, pour que tels autres ne veuillent

pas l'adopter ; il faut, comme après la session de l'assemblée constituante, éloigner les fondateurs pour faire adopter les institutions, et
cependant les institutions périssent, si elles ne sont pas défendues
par leurs auteurs. L'envie, qui cherche à s'honorer du nom de
défiance, détruit l'émulation, éloigne les lumières, ne peut supporter
la réunion du pouvoir et de la vertu, cherche à les diviser pour les
opposer l'un à l'autre, et crée la puissance du crime, comme la seule
qui dégrade celui qui la possède ; mais quand de longs malheurs ont
abattu les passions, quand on a tellement besoin de lois, qu'on ne
considère plus les hommes que sous le rapport du pouvoir légal qui
leur est confié, il est possible que la vanité, alors qu'elle est l'esprit
général d'une nation, serve au maintien des institutions libres.
Comme elle fait haïr l'ascendant d'un homme, elle soutient les lois
constitutionnelles, qui, au bout d'un temps très-court, ramènent les
hommes les plus puissants dans une condition privée ; elle appuye
en général ce que veulent les lois, parce que c'est une autorité
abstraite, dont tout le monde a sa part, et dont personne ne peut
tirer de gloire. La vanité est l'ennemie de l'ambition ; elle aime à
renverser ce qu'elle ne peut obtenir ; la vanité fait naître une sorte
de prétentions disséminées dans toutes les classes, dans tous les
individus, qui arrête la puissance de la gloire, comme les brins de
paille repoussent la mer des côtes de la Hollande : enfin, la vanité de
tous sème de tels obstacles, de telles peines dans la carrière publique
de chacun, qu'au bout d'un certain temps le grand inconvénient des
républiques, le besoin qu'elles donnent de jouer un rôle n'existera,
peut-être, plus en France : la haine, l'envie, les soupçons, tout ce
qu'enfante la vanité, dégoûtera pour jamais l'ambition des places et
des affaires ; on ne s'en approchera plus que par amour pour la
patrie, par dévouement à l'humanité, et ces sentiments généreux et
philosophiques rendent les hommes impassibles, comme les lois
qu'ils sont chargé d'exécuter. Cette espérance est peut-être une
chimère, mais je crois vrai que la vanité se soumet aux lois, comme
un moyen d'éviter l'éclat personnel des noms propres, et préserve
une nation nombreuse et libre, lorsque sa constitution est établie, du
danger d'avoir un homme pour usurpateur.

NOTE *Qu'il faut lire avant le chapitre de l'amour*

De tous les chapitres de cet ouvrage, il n'en, est point sur lequel
je m'attende à autant de critiques que sur celui-ci ; les autres

passions ayant un but déterminé, affectent à-peu-près de la même manière tous les caractères qui les éprouvent. Le mot d'amour réveille dans l'esprit de ceux qui l'entendent, autant d'idées diverses que les impressions dont ils sont susceptibles. Un très-grand nombre d'hommes n'ont connu ni l'amour de la gloire, ni l'ambition, ni l'esprit de parti, etc. Tout le monde croit avoir eu de l'amour, et presque tout le monde se trompe en le croyant ; les autres passions sont beaucoup plus naturelles, et par conséquent moins rares que celle-là ; car elle est celle où il entre le moins d'égoïsme. Ce chapitre, me dira-t-on, est d'une couleur trop sombre, la pensée de la mort y est presque inséparable du tableau de l'amour, et l'amour embellit la vie, et l'amour est le charme de la nature. Non, il n'y a point d'amour dans les ouvrages gais, il n'y a point d'amour dans les pastorales, gracieuses. – Sans doute, et les femmes doivent en convenir ; il est assez doux de plaire et d'exercer ainsi sur tout ce qui vous entoure une puissance due à soi seule, une puissance qui n'obtient que des hommages volontaires, une puissance qui ne se fait obéir que parce qu'on l'aime, et disposant des autres contre leur intérêt même, n'obtient rien que de l'abandon, et ne peut se défier du calcul ; mais qu'a de commun le jeu piquant de la coquetterie et le sentiment de l'amour ? Il se peut aussi que les hommes soient très-intéressés, très-amusés sur-tout, par l'attrait que leur inspire la beauté, par l'espoir ou la certitude de la captiver ; mais qu'a de commun ce genre d'impression et le sentiment de l'amour ? – Je n'ai voulu traiter dans cet ouvrage que des passions ; les affections communes dont il ne peut naître aucun malheur profond, n'entraient point dans mon sujet, et l'amour, quand il est une passion, porte toujours à la mélancolie : il y a quelque chose de vague dans ses impressions, qui ne s'accorde point avec la gaîté ; il y a une conviction intime au-dedans de soi, que tout ce qui succède à l'amour est du néant, que rien ne peut remplacer ce qu'on éprouve, et cette conviction fait penser à la mort dans les plus heureux moments de l'amour. Je n'ai considéré que le sentiment dans l'amour, parce que lui seul fait de ce penchant une passion. Ce n'est pas le premier volume de la Nouvelle Héloïse, c'est le départ de St. Preux, la lettre de la Meillerie, la mort de Julie, qui caractérisent la passion dans ce roman. – Il est si rare de rencontrer le véritable amour du cœur, que je hasarderais de dire que les anciens n'ont pas eu l'idée complète de cette affection. Phèdre est sous le joug de la fatalité, les sensations inspirent Anacréon, Tibulle mêle une sorte d'esprit madrigalique à ses peintures voluptueuses, quelques vers de Didon, Ceyx et Alcione dans Ovide, malgré la mithologie, qui distrait l'intérêt en l'éloignant des situations naturelles, sont presque les seuls morceaux où le sentiment ait toute sa force, parce qu'il est séparé de toute autre influence. Les Italiens mettent tant de poésie dans l'amour, que tous leurs sentiments s'offrent à vous comme des images, vos yeux s'en souviennent plus que votre cœur. Racine, ce peintre de l'amour, dans ses tragédies, sublimes à tant d'autres égards, mêle souvent aux mouvements de la passion des expressions recherchées qu'on ne peut reprocher qu'à son siècle : ce défaut ne se trouve point dans la tragédie de Phèdre ; mais les beautés empruntées des anciens, les beautés de verve poétique, en excitant le plus vif enthousiasme, ne produisent pas cet attendrissement profond qui naît de la ressemblance la plus parfaite avec les sentiments qu'on peut éprouver. On admire la conception du rôle de Phèdre, on se croit dans la situation d'Aménaïde. La tragédie de Tancréde doit donc faire verser plus de larmes. – Voltaire, dans ses tragédies, Rousseau, dans la Nouvelle Héloïse, Verther, des scènes de tragédies allemandes ; quelques poètes Anglais, des morceaux d'Ossian, etc. ont transporté la profonde sensibilité dans l'amour. On avait peint la tendresse maternelle, la tendresse filiale, l'amitié avec sensibilité, Oreste et Pilade, Niobé, la piété romaine, toutes les autres affections du cœur, nous sont transmises avec les véritables sentiments qui les caractérisent : l'amour seul nous est représenté, tantôt sous les traits les plus grossiers, tantôt comme tellement inséparable ou de la volupté, ou de la frénésie, que c'est un tableau plutôt qu'un sentiment, une maladie plutôt qu'une passion de l'ame. C'est uniquement de cette passion que j'ai voulu parler ; j'ai rejeté toute autre manière de considérer l'amour ; j'ai recueilli, pour composer les chapitres précédents, ce que j'ai remarqué dans l'histoire ou dans le monde ; en écrivant celui-ci, je me suis laissée aller à mes seules impressions ; j'ai rêvé plutôt qu'observé, que ceux qui se ressemblent se comprennent.

4

DE L'AMOUR

S i l'Être Tout-Puissant, qui a jeté l'homme sur cette terre, a voulu qu'il conçut l'idée d'une existence céleste, il a permis que dans quelques instants de sa jeunesse ; il put aimer avec passion, il put vivre dans un autre, il put compléter son être en l'unissant à l'objet qui lui était cher. Pour quelque temps, du moins, les bornes de la destinée de l'homme, l'analyse de la pensée, la méditation de la philosophie, se sont perdues dans le vague d'un sentiment délicieux ; la vie qui pèse était entraînante, et le but, qui toujours paraît au-dessous des efforts, semblait les surpasser tous. L'on ne cesse point de mesurer ce qui se rapporte à soi ; mais les qualités, les charmes, les jouissances, les intérêts de ce qu'on aime, n'ont de terme que dans notre imagination. Ah ! qu'il est heureux le jour où l'on expose sa vie pour l'unique ami dont notre ame a fait choix ! le jour, où quelque acte d'un dévouement absolu, lui donne au moins une idée du sentiment qui oppressait le cœur par l'impossibilité de l'exprimer ! Une femme dans ces temps affreux, dont nous avons vécu contemporains ; une femme condamnée à mort avec celui qu'elle aimait, laissant bien loin d'elle le secours du courage, marchait au supplice avec joie, jouissait d'avoir échappé au tourment de survivre, était fière de partager le sort de son amant, et présageant, peut-être, le terme où elle pouvait perdre l'amour qu'il avait pour elle, éprouvait un sentiment féroce et tendre, qui lui faisait chérir la mort comme une réunion éternelle. Gloire, ambition, fanatisme, votre enthousiasme a des intervalles, le sentiment seul enivre chaqu'instant, rien ne lasse de s'aimer ; rien ne fatigue dans cette inépuisable source d'idées et d'émotions heureuses ; et tant qu'on ne voit, qu'on n'éprouve rien que par un autre, l'univers entier est lui sous des formes différentes, le printemps, la nature, le ciel, ce sont les lieux qu'il a parcourus ; les plaisirs du monde, c'est ce qu'il a dit, ce qui lui a plû, les amusements qu'il a partagés, ses propres succès à soi-même, c'est la louange qu'il a entendue, et l'impression que le suffrage de tous, a pu produire sur le jugement d'un seul. Enfin, une idée unique est ce qui cause à l'homme le plus grand bonheur ou la folie du désespoir. Rien ne fatigue l'existence, comme ces intérêts divers dont la réunion a été considérée comme un bon système de félicité, en fait de malheur on n'affaiblit pas ce qu'on divise, après la raison qui dégage de toutes les passions : ce qu'il y a de moins malheureux encore, c'est de s'abandonner entièrement à une seule ; sans doute, ainsi l'on s'expose à recevoir la mort de ses propres affections. Mais le premier but qu'on doit se proposer, en s'occupant du sort des hommes, n'est pas la conservation de leur vie ; le sceau de leur nature immortelle est de n'estimer l'existence physique qu'avec la possession du bonheur moral.

C'est par le secours de la réflexion, c'est en écartant de moi l'enthousiasme de la jeunesse que je considérerai l'amour, ou, pour mieux m'exprimer, le dévouement absolu de son être aux sentiments, au bonheur, à la destinée d'un autre, comme la plus haute idée de félicité qui puisse exalter l'espérance de l'homme. Cette dépendance d'un seul objet affranchit si bien du reste de la terre, que l'être sensible qui a besoin d'échapper à toutes les prétentions de l'amour-propre, à tous les soupçons de la calomnie, à tout ce qui flétrit enfin dans les relations qu'on entretient avec les hommes, l'être sensible trouve dans cette passion quelque chose de solitaire et de concentré, qui inspire à l'ame l'élévation de la philosophie, et l'abandon du sentiment. On échappe au monde par des intérêts plus vifs que tous ceux qu'il peut donner ; on jouit du calme de la pensée et du mouvement du cœur ; et dans la plus profonde solitude la vie de l'ame est plus active que sur le trône des Césars. Enfin, à quelque époque de l'âge qu'on transportât un sentiment qui vous aurait dominé depuis votre jeunesse, il n'est pas un moment où d'avoir vécu pour un autre, ne fut plus doux que d'avoir existé pour soi, où cette pensée ne dégageât tout-à-la-fois des remords et des incertitudes. Quand on n'a pour but que son propre avantage, comment peut-on parvenir à se décider sur rien ; le désir échappe, pour ainsi dire, à l'examen qu'on en fait ; l'événement amène souvent un résultat si contraire à notre attente, que l'on se répent de tout ce qu'on a essayé, que l'on se lasse de son propre intérêt comme de toute autre entreprise. Mais quand c'est au premier objet de ses affections que la vie est consacrée, tout est positif, tout est déterminé, tout est entraînant, *il le veut, il en a besoin, il en sera plus heureux ; un instant de sa journée pourra s'embellir au prix de tels efforts.* C'est assez pour diriger le cours entier de la destinée, plus de vague, plus de découragement, c'est la seule jouissance de l'ame qui la remplisse en entier, s'agrandisse avec elle, et se proportionnant à nos facultés, nous assure l'exercice et la jouissance de toutes. Quel est l'esprit supérieur qui ne trouve pas dans un véritable sentiment le développement d'un plus grand nombre de pensées, que dans aucun écrit, dans aucun ouvrage qu'il puisse ou composer ou lire ? Le plus grand triomphe du génie c'est de deviner la passion ; qu'est-ce donc qu'elle-même ? Les succès de l'amour-propre, le dernier degré des jouissances de la personnalité, la gloire, que vaut-elle auprès d'être aimé ? Qu'on se demande ce que l'on préférerait d'être Aménaïde ou Voltaire ? Ah ! tous ces écrivains, ces grands hommes, ces conquérants s'efforcent d'obtenir une seule des émotions que l'amour jette comme par torrent dans la vie. Des années de peines et d'efforts leur valent un jour, une heure de cet enivrement qui dérobe l'existence ; et le sentiment fait éprouver, pendant toute sa durée, une suite d'impressions aussi vives et plus pures que le couronnement de Voltaire, ou le triomphe d'Alexandre.

C'est hors de soi que sont les seules jouissances indéfinies. Si l'on veut sentir le prix de la gloire, il faut voir ce qu'on aime honoré par son éclat ; si l'on veut apprendre ce que vaut la fortune, il faut lui avoir donné la sienne ; enfin, si l'on veut bénir le don inconnu de la vie, il faut qu'il ait besoin de votre existence, et que vous puissiez considérer en vous le soutien de son bonheur.

Dans quelque situation qu'une profonde passion nous place, jamais je ne croirai qu'elle éloigne de la véritable route de la vertu ; tout est sacrifice, tout est oubli de soi dans le dévouement exalté de l'amour, et la personnalité seule avilit ; tout est bonté, tout est pitié dans l'être qui sait aimer, et l'inhumanité seule bannit toute moralité du cœur de l'homme. Mais s'il est dans l'univers deux êtres qu'un sentiment parfait réunit, et que le mariage a lié l'un à l'autre, que tous les jours à genoux ils bénissent l'Être Suprême ; qu'ils voient à leurs pieds l'univers et ses grandeurs, qu'ils s'étonnent, qu'ils s'inquiètent même d'un bonheur qu'il a fallu tant de chances diverses pour assurer, d'un bonheur qui les place à une si grande distance du reste des hommes ; oui, qu'ils s'effraient d'un tel sort. Peut-être, pour qu'il ne fut pas trop supérieur au nôtre, ont-ils déjà reçu tout le bonheur que nous espérons dans l'autre vie ; peut-être que pour eux il n'est pas d'immortalité.

J'ai vu, pendant mon séjour en Angleterre, un homme du plus rare mérite, uni depuis vingt-cinq ans à une femme digne de lui : un jour, en nous promenant ensemble nous rencontrâmes, ce qu'on appelle en anglais, des *Gipsies*, des Bohémiens, errants souvent au milieu des bois, dans la situation la plus déplorable ; je les plaignais de réunir ainsi tous les maux physiques de la nature. *Eh bien,* me dit alors M. L., *si, pour passer ma vie avec elle, il avait fallu me résigner à cet état, j'aurais mendié depuis trente ans, et nous aurions encore été bien heureux !* Ah ! oui, s'écria sa femme, *ainsi même encore nous aurions été les plus heureux des êtres !* Ces mots ne sont jamais sortis de mon cœur. Ah ! qu'il est beau ce sentiment qui, dans l'âge avancé, fait éprouver une passion peut-être plus profonde encore que dans la jeunesse ; une passion qui rassemble dans l'ame tout ce que le temps enlève aux sensations ; une passion qui fait de la vie un seul souvenir, et dérobant à sa fin tout ce qu'a d'horrible, l'isolement et l'abandon, vous assure de recevoir la mort, dans les mêmes bras qui soutinrent votre jeunesse, et vous entraînèrent aux liens brûlants de l'amour. Quoi ! c'est dans la réalité des choses humaines qu'il existe un tel bonheur et toute la terre en est privée, et presque jamais l'on ne peut rassembler les circonstances qui le donnent ! Cette réunion est possible, et l'obtenir pour soi ne l'est pas : il est des cœurs qui s'entendent, et le hasard, et les distances, et la nature, et la société séparent sans retour ceux qui se seraient aimés pendant tout le cours de leur vie, et les mêmes puissances attachent l'existence, à qui n'est pas digne de vous, ou ne vous entend pas, ou cesse de vous entendre.

Malgré le tableau que j'ai tracé, il est certain que l'amour est de toutes les passions la plus fatale au bonheur de l'homme. Si l'on savait mourir, on pourrait encore se risquer à l'espérance d'une si heureuse destinée, mais l'on abandonne son ame à des sentiments, qui décolorent le reste de l'existence ; on éprouve, pendant quelques instants, un bonheur sans aucun rapport avec l'état habituel de la vie, et l'on veut survivre à sa perte ; l'instinct de la conservation l'emporte sur le mouvement du désespoir, et l'on existe, sans qu'il puisse s'offrir dans l'avenir une chance de retrouver le passé, une raison même de ne pas cesser de souffrir, dans la carrière des passions, dans celle surtout d'un sentiment qui, prenant sa source dans tout ce qui est vrai, ne peut être consolé par la réflexion même : il n'y a que les hommes capables de la résolution de se tuer, qui puissent, avec quelque ombre de sagesse, tenter cette grande route de bonheur : mais qui veut vivre et s'expose à rétrograder ; mais qui veut vivre et renonce, d'une manière quelconque à l'empire de soi-même, se voue comme un insensé au plus cruel des malheurs.

La plûpart des hommes, et même un grand nombre de femmes, n'ont aucune idée du sentiment tel que je viens de le peindre, et Newton a plus de juges que la véritable passion de l'amour. Une sorte de ridicule s'est attaché à ce qu'on appelle des sentiments romanesques, et ces pauvres esprits, qui mettent tant d'importance à tous les détails de leur amour propre, ou de leurs intérêts, se sont établis comme d'une raison supérieure à ceux dont le caractère a transporté dans un autre l'égoïsme, que la société considère assez dans l'homme qui s'occupe exclusivement de lui-même. Des têtes fortes regardent les travaux de la pensée, les services rendus au genre humain, comme seuls dignes de l'estime des hommes. Il est quelques génies qui ont le droit de se croire utiles à leurs semblables, mais combien peu d'êtres peuvent se flatter de quelque chose de plus glorieux que d'assurer à soi seul la félicité d'un autre : des moralistes sévères craignent les égarements d'une telle passion. Hélas ! de nos jours, heureuse la nation, heureux les individus qui dépendraient des hommes susceptibles d'être entraînés par la sensibilité ! Mais, en effet, tant de mouvements passagers ressemblent à l'amour, tant d'attraits d'un tout autre genre prennent, ou chez les femmes par vanité, ou chez les hommes dans leur jeunesse, l'apparence de ce sentiment, que ces ressemblances aviliès, ont presque effacé le souvenir de la vérité même. Enfin, il est des caractères aimants, qui profondément convaincus de tout ce qui s'oppose au bonheur de l'amour, des obstacles que rencontre et sa perfection, et sur-tout sa durée ; effrayés des chagrins de leur propre cœur, des inconsé-quences de celui d'un autre, repoussent, par une raison courageuse, et par une sensibilité craintive, tout ce qui peut entraîner à cette passion : c'est de toutes ces causes que naissent et les erreurs adop-tées, même par les philosophes sur la véritable importance des atta-chements du cœur, et les douleurs sans bornes, qu'on éprouve en s'y livrant.

Il n'est pas vrai, malheureusement, qu'on ne soit jamais entraîné que par les qualités qui promettent une ressemblance certaine entre les caractères et les sentiments : l'attrait d'une figure séduisante, cette espèce d'avantage qui permet à l'imagination de supposer à tous les traits qui la captivent, l'expression qu'elle souhaite, agit fortement sur un attachement, qui ne peut se passer d'enthousiasme ; la grace des manières, de l'esprit, de la parole, la grace, enfin, comme plus indéfinissable que tout autre charme, inspire ce sentiment qui, d'abord, ne se rendant pas compte de lui-même, naît souvent de ce qu'il ne peut s'expliquer. Une telle origine, ne peut garantir ni le bonheur, ni la durée d'une liaison ; cependant dès que l'amour existe, l'illusion est complète ; et rien n'égale le désespoir que fait éprouver la certitude d'avoir aimé un objet indigne de soi. Ce funeste trait de lumière frappe la raison avant d'avoir détaché le cœur ; poursuivi par l'ancienne opinion à laquelle il faut renoncer, on aime encore en mésestimant ; on se conduit comme si l'on espérait, en souffrant, comme s'il n'existait plus d'espérances ; on s'élance vers l'image qu'on s'était créée ; on s'adresse à ces mêmes traits qu'on avait regardés jadis comme l'emblème de la vertu, et l'on est repoussé par ce qui est bien plus cruel que la haine, par le défaut de toutes les émotions sensibles et profondes : on se demande, si l'on est d'une autre nature, si l'on est insensé dans ses mouvements ; on voudrait croire à sa propre folie, pour éviter de juger le cœur de ce qu'on aimait ; le passé même ne reste plus pour faire vivre de souvenirs : l'opinion qu'on est forcé de concevoir, se rejette sur les temps où l'on était déçu ; on se rappelle ce qui devait éclairer, alors le malheur s'étend sur toutes les époques de la vie, les regrets tiennent du remords, et la mélancolie, dernier espoir des malheureux, ne peut plus adoucir ces repentirs, qui vous agitent, qui vous dévorent, et vous font craindre la solitude sans vous rendre capable de distraction.

Si, au contraire, il a existé dans la vie un heureux moment où l'on était aimé ; si l'être qu'on avait choisi était sensible, était généreux, était semblable à ce qu'on croit être, et que le temps, l'inconstance de l'imagination, qui détache même le cœur, un autre objet, moins digne de sa tendresse, vous ait ravi cet amour dont dépendait toute votre existence, qu'il est dévorant le malheur qu'une telle destruction de la vie fait éprouver ; le premier instant où ces caractères, qui tant de fois avaient tracé les serments les plus sacrés de l'amour, gravent en traits d'airain que vous avez cessé d'être aimé ; alors, que comparant ensemble les lettres de la même main, vos yeux peuvent à peine croire que l'époque, elle seule, en explique la différence, lorsque cette voix, dont les accents vous suivaient dans la solitude, retentissaient à votre ame ébranlée, et semblaient rendre présents encore les plus doux souvenirs ; lorsque cette voix vous parle, sans émotion, sans être brisée, sans trahir un mouvement du cœur, ah ! pendant longtemps encore la passion que l'on ressent rend impossible de croire qu'on ait cessé d'intéresser l'objet de sa tendresse : il semble que l'on éprouve un sentiment qui doit se communiquer ; il semble qu'on n'est séparé que par une barrière qui ne vient point de sa volonté ; qu'en lui parlant, en le voyant, il ressentira le passé, il retrouvera ce qu'il a éprouvé ; que des cœurs qui se sont tout confiés, ne peuvent cesser de s'entendre, et rien ne peut faire renaître l'entraînement dont une autre a le secret, et vous savez qu'il est heureux loin de vous, qu'il est heureux souvent par l'objet qui vous rappelle le moins ; les traits de sympathie sont restés en vous seule, leur rapport est anéanti. Il faut pour jamais renoncer à voir celui dont la présence renouvellerait vos souvenirs, et dont les discours les rendraient plus amers ; il faut errer dans les lieux où il vous a aimé, dans ces lieux dont l'immobilité est là, pour attester le changement de tout le reste ; le désespoir est au fond du cœur, tandis que mille devoirs, que la fierté même commande de le cacher, on n'attire la pitié par aucun malheur apparent ; seule en secret, tout votre être a passé de la vie à la mort. Quelle ressource dans le monde peut-il exister contre une telle douleur ? Le courage de se tuer ; mais dans cette situation le secours même de cet acte terrible est privé de la sorte de douceur qu'on peut y attacher ; l'espoir d'intéresser après soi, cette immortalité si nécessaire aux ames sensibles, est ravie pour jamais à celle qui n'espère plus de regrets. C'est là mourir en effet, que n'affliger, ni punir, ni rattacher dans son souvenir, l'objet qui vous a trahi ; et le laisser à celle qu'il préfère, est une image de douleur qui se place au-delà du tombeau, comme si cette idée devait vous y suivre.

La jalousie, cette passion terrible dans sa nature, alors même qu'elle n'est pas excitée par l'amour, rend l'ame frénétique, quand toutes les affections du cœur sont réunies aux ressentiments les plus vifs de l'amour propre. Tout n'est pas amour dans la jalousie comme dans le regret de n'être plus aimé ; la jalousie inspire le besoin de la vengeance, le regret ne fait naître que le désir de mourir : la jalousie est une situation plus pénible, parce qu'elle se compose de sensations opposées, parce qu'elle est mécontente d'elle-même ; elle se répent, elle se dévore, et la douleur n'est supportable que lorsqu'elle jette dans l'abattement. Les affections qui forcent à s'agiter dans le malheur, accroissent la peine par chaque mouvement qu'on fait pour l'éviter. Les affections qui mêlent ensemble l'orgueil et la tendresse, sont les plus cruelles de toutes ; ce que vous éprouvez de sensible, affaiblit le ressort que vous trouveriez dans l'orgueil, et l'amertume qu'il inspire empoisonne la douceur que portent avec elles les peines du cœur, alors même qu'elles tuent.

À côté des malheurs, causés par le sentiment, c'est peu que les circonstances extérieures qui peuvent troubler l'union des cœurs ; quand on n'est séparé que par des obstacles étrangers au sentiment réciproque, on souffre, mais l'on peut et rêver et se plaindre : la douleur n'est point attachée à ce qu'il y a de plus intime dans la pensée, elle peut se prendre au-dehors de soi ; cependant des ames d'une vertu sublime, ont trouvé dans elles-mêmes des combats insurmontables ; Clémentine peut se rencontrer dans la réalité, et mourir au lieu de triompher. C'est ainsi que dans des degrés différents, l'amour bouleverse le sort des cœurs sensibles qui l'éprouvent.

Il est un dernier malheur dont la pensée n'ose approcher, c'est la perte sanglante de ce qu'on aime, c'est cette séparation terrible qui menace chaque jour tout ce qui respire, tout ce qui vit sous l'empire de la mort. Ah ! cette douleur, sans bornes, est la moins redoutable de toutes : comment survivre à l'objet dont on était aimé, à l'objet qu'on avait choisi pour l'appui de sa vie, à celui qui faisait éprouver l'amour tel qu'il anime un caractère tout entier créé pour le ressentir ? Quoi ! l'on croirait possible d'exister dans un monde qu'il n'habitera plus, de supporter des jours qui ne le ramèneront jamais, de vivre de souvenirs dévorés par l'éternité, de croire entendre cette voix dont les derniers accents vous furent adressés, rapeller vers elle, en vain, l'être qui fut la moitié de sa vie, et lui reprocher les battements d'un cœur qu'une main chérie n'échauffera plus ?

Ce que j'ai dit s'applique presque également aux deux sexes ; il me reste à considérer ce qui nous regarde particulièrement. Oh, femmes ! vous, les victimes du temple où l'on vous dit adorées, écoutez-moi.

La nature et la société ont déshérité la moitié de l'espèce humaine ; force, courage, génie, indépendance, tout appartient aux hommes, et s'ils environnent d'hommages les années de notre jeunesse, c'est pour se donner l'amusement de renverser un trône ;

c'est comme on permet aux enfants de commander, certains qu'ils ne peuvent forcer d'obéir. Il est vrai, l'amour qu'elles inspirent donne aux femmes un moment de pouvoir absolu, mais c'est dans l'ensemble de la vie, dans le cours même d'un sentiment, que leur destinée déplorable reprend son inévitable empire.

L'amour est la seule passion des femmes ; l'ambition, l'amour de la gloire même leur vont si mal, qu'avec raison, un très-petit nombre s'en occupent. Je l'ai dit, en parlant de la vanité ; pour une qui s'élève, mille s'abaissent au-dessous de leur sexe, en en quittant la carrière ; à peine la moitié de la vie peut-elle être intéressée par l'amour, il reste encore trente ans à parcourir quand l'existence est déjà finie. L'amour est l'histoire de la vie des femmes, c'est une épisode dans celle des hommes ; réputation, honneur, estime, tout dépend de la conduite qu'à cet égard les femmes ont tenue, tandis que les lois de la moralité même, selon l'opinion d'un monde injuste, semblent suspendues dans les rapports des hommes avec les femmes ; ils peuvent passer pour bons, et leur avoir causé la plus affreuse douleur, que la puissance humaine puisse produire dans une autre ame ; ils peuvent passer pour vrais, et les avoir trompées : enfin, ils peuvent avoir reçu d'une femme les services, les marques de dévouement qui lieraient ensemble deux amis, deux compagnons d'armes, qui déshonoreraient l'un des deux s'il se montrait capable de les oublier ; ils peuvent les avoir reçus d'une femme, et se dégager de tout, en attribuant tout à l'amour, comme si un sentiment, un don de plus, diminuait le prix des autres. Sans doute, il est des hommes dont le caractère est une honorable exception ; mais telle est l'opinion générale sous ce rapport qu'il en est bien peu qui osassent, sans craindre le ridicule, annoncer dans les liaisons du cœur la délicatesse de principes, qu'une femme se croirait obligée d'affecter si elle ne l'éprouvait pas.

On dira, que peu importe au sentiment l'idée du devoir, qu'il n'en a pas besoin tant qu'il existe, et qu'il n'existe plus dès qu'il en a besoin. Il n'est pas vrai du tout, que dans la moralité du cœur humain, un lien ne confirme pas un penchant ; il n'est pas vrai, qu'il n'existe pas plusieurs époques dans le cours d'un attachement, où la moralité ne resserre pas les nœuds qu'un écart de l'imagination pouvait relâcher ; les liens indissolubles s'opposent au libre attrait du cœur : mais un complet degré d'indépendance rend presque impossible une tendresse durable ; il faut des souvenirs pour ébranler le cœur, et il n'y a point de souvenirs profonds, si l'on ne croit pas aux droits du passé sur l'avenir, si quelque idée de reconnaissance n'est pas la base immuable du goût qui se renouvelle : il y a des intervalles dans tout ce qui appartient à l'imagination, et si la moralité ne les remplit pas, dans l'un de ces intervalles passagers, on se séparera pour toujours. Enfin, les femmes sont liées par les relations du cœur, et les hommes ne le sont pas : cette idée même est encore un obstacle à la durée de l'attachement des hommes ; car là où le cœur ne s'est point fait de devoir, il faut que l'imagination soit excitée par l'inquiétude, et les hommes sont sûrs des femmes, par des raisons même étrangères, à l'opinion qu'ils ont de leur plus grande sensibilité ; ils en sont sûrs, parce qu'ils les estiment ; ils en sont sûrs, parce que le besoin qu'elles ont de l'appui de l'homme qu'elles aiment, se compose de motifs indépendants de l'attrait même. Cette certitude, cette confiance, si douce à la faiblesse, est souvent importune à la force ; la faiblesse se repose, la force s'enchaîne ; et dans la réunion des contrastes dont l'homme veut former son bonheur, plus la nature l'a fait pour régner, plus il aime à trouver d'obstacles : les femmes, au contraire, se défiant d'un empire sans fondement réel, cherchent un maître, et se plaisent à s'abandonner à sa protection ; c'est donc presque une conséquence de cet ordre fatal, que les femmes détachent en se livrant, et perdent par l'excès même de leur dévouement.

Si la beauté leur assure des succès, la beauté n'ayant jamais une supériorité certaine, le charme de nouveaux traits peut briser les liens les plus doux du cœur ; les avantages d'un caractère élevé, d'un esprit remarquable, attirent par leur éclat, mais détachent à la longue tout ce qui leur serait inférieur. Et comme les femmes ont besoin d'admirer ce qu'elles aiment, les hommes se plaisent à exercer sur leur maîtresse l'ascendant des lumières, et souvent ils hésitent entre l'ennui de la médiocrité, et l'importunité de la distinction.

L'amour-propre, que la société, que l'opinion publique a réuni fortement à l'amour, se fait à peine sentir dans la situation des hommes vis-à-vis des femmes : celle qui leur serait infidèle, s'avilit en les offensant, et leur cœur est guéri par le mépris : la fierté vient encore aggraver dans une femme les malheurs de l'amour ; c'est le sentiment qui fait la blessure, mais l'amour-propre y jette des poisons. Le don de soi, ce sacrifice si grand aux yeux d'une femme, doit se changer en remord, en souvenir de honte, quand elle n'est plus aimée ; et lorsque la douleur, qui d'abord n'a qu'une idée, appelle enfin à son secours tous les genres de réflexions, les hommes condamnés à souffrir l'inconstance, sont consolés par chaque pensée qui les attire vers un nouvel avenir ; les femmes sont replongées dans le désespoir, par toutes les combinaisons qui multiplient l'étendue d'un tel malheur.

Il peut exister des femmes dont le cœur ait perdu sa délicatesse ; elles sont aussi étrangères à l'amour qu'à la vertu, mais il est encore pour celles qui méritent seules d'être comptées parmi leur sexe, il est encore une inégalité profonde dans leurs rapports avec les hommes, les affections de leur cœur se renouvellent rarement ; égarées dans la vie, quand leur guide les a trahi, elles ne savent ni renoncer à un sentiment qui ne laisse après lui que l'abyme du néant, ni renaître à l'amour dont leur ame est épouvantée. Une sorte de trouble sans fin, sans but, sans repos, s'empare de leur existence, les unes se dégradent, les autres sont plus près d'une dévotion exaltée que d'une vertu calme ; toutes au moins sont marquées du sceau fatal de la douleur : et pendant ce temps, les hommes commandent les armées, dirigent les Empires, et se rappellent à peine le nom de celles dont ils ont fait la destinée ; un seul mouvement d'amitié laisse plus de traces dans leur cœur que la passion la plus ardente ; toute leur vie est étrangère à cette époque, chaque instant y rattache le souvenir des femmes ; l'imagination des hommes a tout conquis en étant aimé ; le cœur des femmes est inépuisable en regrets, les hommes ont un but dans l'amour, la durée de ce sentiment est le seul bonheur des femmes. Les hommes, enfin, sont aimés parce qu'ils aiment ; les femmes doivent craindre à chaque mouvement qu'elles éprouvent, et l'amour qui les entraîne, et l'amour qui va détruire le prestige qui enchaînait sur leurs pas.

Êtres malheureux ! êtres sensibles ! vous vous exposez, avec des cœurs sans défense, à ces combats où les hommes se présentent entourés d'un triple airain ; restez dans la carrière de la vertu, restez sous sa noble garde ; là il est des lois pour vous, là votre destinée a des appuis indestructibles ; mais si vous vous abandonnez au besoin d'être aimée, les hommes sont maîtres de l'opinion ; les hommes ont de l'empire sur eux-mêmes ; les hommes renverseront votre existence pour quelques instants de la leur.

Ce n'est pas en renonçant au sort que la société leur a fixé, que les femmes peuvent échapper au malheur ; c'est la nature qui a marqué leur destinée, plus encore que les lois des hommes : et, pour cesser d'être leurs maîtresses, faudrait-il devenir leurs rivaux ? et mériter leur haine, parce qu'il faut sacrifier leur amour ? Il reste des devoirs, il reste des enfants, il reste aux mères ce sentiment sublime dont la jouissance est dans ce qu'il donne, et l'espoir dans ses bienfaits.

Sans doute, celle qui a rencontré un homme dont l'énergie n'a point effacé la sensibilité ; un homme qui ne peut supporter la pensée du malheur d'un autre, et met l'honneur aussi dans la bonté ; un homme fidèle aux serments que l'opinion publique ne garantit pas, et qui a besoin de la constance pour jouir du vrai bonheur d'aimer ; celle qui serait l'unique amie d'un tel homme, pourrait triompher au sein de la félicité, de tous les systèmes de la raison. Mais s'il est un exemple qui puisse donner à la vertu même des instants de mélancolie, quelle femme, toutefois, quand l'époque des passions est passée, ne s'applaudit pas de s'être détournée de leur route ? Qui pourrait comparer le calme qui suit le sacrifice, et le regret des espérances trompées ? À quel prix ne voudrait-on pas n'avoir jamais aimé, n'avoir jamais connu ce sentiment dévastateur qui, semblable au vent brûlant d'Afrique, sèche dans la fleur, abat dans la force, courbe enfin vers la terre, la tige qui devait et croître et dominer ?

5

DU JEU, DE L'AVARICE, DE L'IVRESSE, ETC.

Après ce sentiment malheureux et sublime qui fait dépendre d'un seul objet le destin de notre vie, je vais parler d'une sorte de passions qui soumettent l'homme au joug des sensations égoïstes. Ces passions ne doivent point être rangées dans la classe des ressources qu'on trouve en soi ; car rien n'est plus opposé aux plaisirs qui naissent de l'empire sur soi-même, que l'asservissement à ses désirs personnels. Dans cette situation, toutefois, si l'on dépend de la fortune, on n'attend rien de l'opinion, de la volonté, des sentiments des hommes ; et sous ce rapport, comme on a plus de liberté, on devrait obtenir plus de bonheur ; néanmoins ces penchants avilissants ne valent aucune véritable jouissance ; ils livrent à un instinct grossier, et cependant exposent aux mêmes chances que des désirs plus relevés.

L'on peut trouver dans ces passions honteuses la trace des affections morales dégénérées en impulsions physiques. Il y a dans les libertins, dans ceux qui s'enivrent, dans les joueurs, dans les avares, les deux espèces de mouvement qui font les ambitieux en tout genre, le besoin d'émotion et la personnalité : mais dans les passions morales, on ne peut être ému que par les sentiments de l'ame, et ce qu'on a d'égoïsme n'est satisfait que par le rapport des autres avec soi, tandis que le seul avantage de ces passions physiques c'est l'agitation qui suspend le sentiment et la pensée ; elles donnent une sorte de personnalité matérielle, qui part de soi pour revenir à soi, et fait triompher ce qu'il y a d'animal dans l'homme sur le reste de sa nature.

Examinons cependant, malgré le dégoût qu'un tel sujet inspire, les deux principes de ces passions, le besoin d'émotion et l'égoïsme. Le premier produit l'amour du jeu, et le second l'avarice ; quoiqu'on puisse supposer qu'il faut aimer l'argent pour aimer le jeu, ce n'est point là, la source de ce penchant effréné : la cause élémentaire, la jouissance unique, peut-être, de toutes les passions, c'est le besoin et le plaisir de l'émotion. On ne trouve de bon dans la vie que ce qui la fait oublier ; et si l'émotion pouvait être un état durable, bien peu de philosophes se refuseraient à convenir, qu'elle serait le souverain bien. Il est, et je tâcherai de le prouver dans la troisième partie de cet ouvrage, il est des distractions utiles et constantes pour l'homme qui sait se dominer ; mais la foule des êtres passionnés, qui veulent échapper à leur ennemi commun, la sensation douloureuse de la vie, se précipitent dans une ivresse qui, confondant les objets, fait disparaître la réalité de tout. Dans un moment d'émotion, il n'y a plus de jugement, il n'y a que de l'espérance et de la crainte ; on éprouve quelque chose du plaisir des rêves, les limites s'effacent, l'extraordinaire paraît possible, et les bornes ou les chaînes de ce qui est, et de ce qui sera, s'éloignent ou se soulèvent à vos yeux. Dans le tumulte et la succession rapide des sensations qui s'emparent d'une ame violemment émue, le danger, même sans but, est un plaisir pendant la durée de l'action. Sans doute, c'est un sentiment très-pénible que craindre à l'avance le péril qui menace, c'est de la souffrance dans le calme : mais l'instant de la décision, mais le jeu, quelque cher qu'il soit dans le moment où il se hasarde, est une espèce de jouissance, c'est-à-dire d'étourdissement. Cet état devient quelquefois tellement nécessaire à ceux qui l'ont éprouvé, qu'on voit des marins traverser de nouveau les mers, seulement pour ressentir l'émotion des dangers auxquels ils ont échappé.

Le grand jeu de la gloire est difficile à préparer ; un tapis vert, des dez y suppléent. L'agitation de l'ame est un besoin trompeur auquel la plupart des hommes se livrent, sans penser à ce qui succède à cette agitation. Ils hasardent la fortune qui les fait vivre, ils se précipitent dans les batailles où la mort, ou plus encore les souffrances les menacent, pour retrouver ce mouvement qui les sépare des souvenirs et de la prévoyance, donne à l'existence quelque chose d'instantané, fait vivre et cesser de réfléchir.

Quel triste cachet de la destinée humaine ! quelle irrécusable preuve de malheur, que ce besoin d'éviter le cours naturel de la vie, d'enivrer les facultés qui servent à la juger ! Le monde est agité par l'inquiétude de chaque homme, et ces armées innombrables qui couvrent la surface de la terre, sont l'invention cruelle des soldats, des officiers, des rois, pour chercher dans la destinée quelque chose que la nature n'y a point mis, ou tout au moins, pour obtenir cette interruption momentanée de la durée successive des idées habituelles, cette émotion qui soulage du poids de la vie.

Mais, indépendamment de tout ce qu'il faut hasarder et perdre pour se mettre dans une situation qui vous procure de telles sortes de jouissances, il n'existe rien de plus pénible que l'instant qui succède à l'émotion ; le vide qu'elle laisse après elle, est un plus grand malheur que la privation même de l'objet dont l'attente vous agitait. Ce qu'il y a de plus difficile à supporter pour un joueur, ce n'est pas d'avoir perdu, mais de cesser de jouer. Les mots qui servent aux autres passions, sont très-souvent empruntés de celle-là, parce qu'elle est une image matérielle de tous les sentiments qui s'appliquent à de plus grandes circonstances ; ainsi, l'amour du jeu aide à comprendre l'amour de la gloire, et l'amour de la gloire à son tour explique l'amour du jeu.

Tout ce qui établit des analogies, des ressemblances, est un garant de plus de la vérité du système. Si l'on parvenait à rallier la nature morale à la nature physique, l'univers entier à une seule pensée, on aurait presque dérobé le secret de la Divinité.

La plupart des hommes cherchent donc à trouver le bonheur dans l'émotion, c'est-à-dire, dans une sensation rapide, qui gâte un long avenir : d'autres se livrent par calcul, et sur-tout par caractère à la personnalité ; mécontents de leurs relations avec les autres, ils croient avoir trouvé un secret sûr pour être heureux, en se consacrant à eux-mêmes, et ils ne savent pas que ce n'est pas seulement de la nature du joug, mais de la dépendance en elle-même que naît le malheur de l'homme. L'avarice est de tous les penchants celui qui fait le mieux ressortir la personnalité. Aimer l'argent, pour arriver à tel ou tel but, c'est le regarder comme un moyen, et non comme l'objet ; mais il est une espèce d'hommes qui, considérant en général la fortune comme une manière d'acquérir des jouissances, ne veulent cependant en goûter aucune ; les plaisirs, quels qu'ils soient, vous associent aux autres, tandis que la possibilité de les obtenir est en soi seul, et l'on dissipe quelque chose de son égoïsme, en le satisfaisant au dehors. L'avenir inquiète tellement les avares, qu'ils aiment à sacrifier le présent comme pourrait le faire la vertu la plus relevée : la personnalité de tels hommes va si loin, que l'avare finit par immoler lui à lui-même ; il s'aime tant demain, qu'il se prive de tout chaque jour pour embellir le jour suivant. Et comme tous les sentiments qui ont le caractère de la passion, dévorent jusqu'à l'objet même qu'ils chérissent ; l'égoïsme devient destructeur du bien-être qu'il veut conserver, et l'avarice interdit tous les avantages que l'argent pourrait valoir.

Je ne m'arrêterai point à parler des malheurs causés par l'avarice ; on ne voit point de gradation ni de nuance dans cette singulière passion ; tout y paraît également douloureux et vil. Comment avoir l'idée de cette fureur de personnalité ? Quel but que soi pour sa propre vie ! quel homme peut se choisir pour l'objet de sa pensée, sans admettre d'intermédiaire entre sa passion et lui-même !

Il y a tant d'incertitude dans ce qu'on désire, de dégoût dans ce qu'on éprouve, qu'on ne peut concevoir comment on aurait le courage d'agir, si ses actions retournant à ses sensations, et ses sensations à ses actions, on savait si positivement le prix de ce qu'on fait, la récompense de ses efforts. Comment exister sans être utile, et se donner la peine de vivre quand personne ne s'affligerait de nous voir mourir !

Si l'avare, si l'égoïste sont incapables de ces retours sensibles, il est un malheur particulier à de tels caractères auquel ils ne peuvent jamais échapper ; ils craignent la mort, comme s'ils avaient su jouir de la vie : après avoir sacrifié leurs jours présents à leurs jours avenir, ils éprouvent une sorte de rage, en voyant s'approcher le terme de l'existence ; les affections du cœur augmentent le prix de la vie en diminuant l'amertume de la mort : tout ce qui est aride fait mal vivre et mal mourir : enfin, les passions personnelles sont de l'esclavage autant que celles qui mettent dans la dépendance des autres ; elles rendent également impossible l'empire sur soi-même, et c'est dans le libre et constant exercice de cette puissance qu'est le repos et ce qu'il y a de bonheur.

Les passions qui dégradent l'homme, en resserrant son égoïsme dans ses sensations, ne produisent pas, sans doute, ces bouleversements de l'ame où l'homme éprouve toutes les douleurs que ses facultés lui permettent de ressentir ; mais il ne reste aux peines, causées par des penchants méprisables, aucun genre de consolation ; le dégoût qu'elles inspirent aux autres, passe jusqu'à celui qui les éprouve ; il n'y a rien de plus amer dans l'adversité que de ne pas pouvoir s'intéresser à soi : l'on est malheureux sans trouver même de l'attendrissement dans son ame ; il y a quelque chose de desséché dans tout votre être, un sentiment d'isolement si profond, qu'aucune idée ne peut se joindre à l'impression de la douleur ; il n'y a rien dans le passé, il n'y a rien dans l'avenir, il n'y a rien autour de soi, on souffre à sa place, mais sans pouvoir s'aider de sa pensée, sans oser méditer sur les différentes causes de son infortune, sans se relever par de grands souvenirs où la douleur puisse s'attacher.

6

DE L'ENVIE ET DE LA VENGEANCE

I l est des passions qui n'ont pas précisément de but, et cependant remplissent une grande partie de la vie ; elles agissent sur l'existence sans la diriger, et l'on sacrifie le bonheur à leur puissance négative ; car, par leur nature, elles n'offrent pas même l'illusion d'un espoir et d'un avenir, mais seulement elles donnent le besoin de satisfaire l'âpre sentiment qu'elles inspirent ; il semble que de telles passions ne sont composées que du mauvais succès de toutes ; de ce nombre, mais avec des nuances différentes, sont l'envie et la vengeance.

L'envie ne promet aucun genre de jouissances, même de celles qui amènent du malheur à leur suite. L'homme qui a cette disposition voit dans le monde beaucoup plus de sujets de jalousie qu'il n'en existe réellement ; et pour se croire à la fois heureux et supérieur, il faudrait juger de son sort par l'envie que l'on inspire : c'est un mobile dont l'objet est une souffrance, et qui n'exerce l'imagination, cette faculté inséparable de la passion, que sur une idée pénible. La passion de l'envie n'a point de terme, parce qu'elle n'a point de but ; elle ne se refroidit point, parce que ce n'est d'aucun genre d'enthousiasme, mais de l'amertume seule qu'elle s'alimente, et que chaque jour accroît ses motifs par ses effets ; celui qui commence par haïr, inspire une irritation propre à faire mériter sa haine qui d'abord était injuste. Les poëtes se sont exercés sur tous les emblêmes de malheur qu'il fallait attacher à l'envie. Quel triste sort, en effet, que celui d'une passion qui se dévore elle-même, et, poursuivie sans cesse par l'image de ce qui la blesse, ne peut se représenter une circonstance quelconque où elle trouverait du repos ! Il y a tant de maux sur la terre, cependant, qu'il semblerait que tout ce qui arrive dans le monde, doit être une jouissance pour l'envie ; mais elle est si difficile en malheurs, que s'il reste de la considération à côté des revers, un sentiment à travers mille infortunes, une qualité parmi des torts ; si le souvenir de la prospérité relève dans la misère, l'envieux souffre et déteste encore : il démêle, pour haïr, des avantages inconnus à celui qui les possède ; il faudrait, pour qu'il cessât de s'agiter, qu'il crut tout ce qui existe inférieur à sa fortune, à ses talents, à son bonheur même ; et il a la conscience, au contraire, que nul tourment ne peut égaler l'impression aride et desséchante, que sa passion dominatrice produit sur lui. Enfin, l'envie prend sa source dans ce terrible sentiment de l'homme qui lui rend odieux le spectacle du bonheur qu'il ne possède pas, et lui ferait préférer l'égalité de l'enfer aux gradations dans le paradis. La gloire, la vertu, le génie viennent se briser contre cette force destructive ; elle met une borne aux efforts, aux élans de la nature humaine, son influence est souveraine ; car qui blâme, qui déjoue, qui s'oppose, qui renverse, qui se saisit enfin de la force destructive, finit toujours par triompher.

Mais le mal que l'envieux sait causer, ne lui compose pas même un bonheur selon ses vœux ; chaque jour, la fortune ou la nature, lui donne de nouveaux ennemis ; vainement il en fait ses victimes, aucun de ses succès ne le rassure, il se sent inférieur à ce qu'il détruit, il est jaloux de ce qu'il immole ; enfin, à ses yeux mêmes, il est toujours humilié, et ce supplice s'augmente par tout ce qu'il fait pour l'éviter.

Il est une passion dont l'ardeur est terrible ; une passion plus redoutable dans ce temps que dans tous les autres, c'est la vengeance. Il ne peut être question de bonheur positif obtenu par elle, puisqu'elle ne doit sa naissance qu'à une grande douleur, qu'on croit adoucir en la faisant partager à celui qui l'a causée ; mais il n'est personne qui, dans diverses circonstances de sa vie, n'ait ressenti l'impulsion de la vengeance ; elle dérive immédiatement de la justice, quoique ses effets y soient souvent si contraires : faire aux autres le mal qu'ils vous ont fait, se présente d'abord comme une maxime équitable ; mais ce qu'il y a de naturel dans cette passion ne rend ses conséquences ni plus heureuses, ni moins coupables ; c'est à combattre les mouvements involontaires qui entraînent vers un but condamnable, que la raison est particulièrement destinée ; car la réflexion est autant dans la nature que l'impulsion.

Il est certain d'abord qu'on soutient difficilement l'idée de savoir heureux l'objet qui vous a plongé dans le désespoir ; ce tableau vous poursuit, comme, par un mouvement contraire, l'imagination de la pitié offre la peinture des douleurs qu'elle excite à soulager. L'opposition de votre peine, et de la félicité de votre ennemi, produit dans le sang un véritable soulèvement.

Ce qu'on a le plus de peine aussi à supporter dans l'infortune, c'est l'absorbation, la fixation sur une seule idée, et tout ce qui porte la pensée au-dehors de soi, tout ce qui excite à l'action, trompe le malheur ; il semble qu'en agissant, on va changer la situation de son ame, et le ressentiment, ou l'indignation contre le crime étant d'abord ce qui est le plus apparent dans sa propre douleur, on croit, en satisfaisant ce mouvement, échapper à tout ce qui doit le suivre ; mais en observant un cœur généreux et sensible, on découvre qu'on serait plus malheureux encore après s'être vengé qu'auparavant. L'occupation où l'on est de son ressentiment, l'effort qu'on fait sur soi pour le combattre remplit la pensée de diverses manières ; après s'être vengé, l'on reste seul avec sa douleur, sans autre idée que la souffrance ; vous rendez à votre ennemi, par votre vengeance, une espèce d'égalité avec vous ; vous le sortez de dessous le poids de votre mépris, vous vous sentez rapprochés par l'action même de punir ; si l'effort que vous tenteriez pour vous venger était inutile, votre ennemi aurait sur vous l'avantage qu'on prend toujours sur les volontés impuissantes, quelle qu'en soit la nature et l'objet : tous les genres d'égarement sont excusables dans les véritables douleurs ; mais ce qui démontre cependant combien la vengeance tient à des mouvements condamnables, c'est qu'il est beaucoup plus rare de se venger par sensibilité, que par esprit de parti ou par amour propre.

Les ames généreuses, qui se sont abandonnées à des mouvements coupables, ont fait un tort immense à l'ascendant de la moralité ; elles ont réunis à des torts graves des motifs élevés, et le sens même des mots s'est trouvé changé par les pensées accessoires que leur exemple y a réuni. Le même terme exprime l'assassinat de César, et celui d'Henri IV ; et les grands hommes qui se sont crus le droit de faire plier une loi de la moralité devant leurs intentions sublimes, ont fait plus de mal par la latitude qu'ils ont donné à l'idée de la vertu, que les scélérats méprisés dont les actions ont exaltés l'horreur qu'inspire le crime. Enfin, par quelque motif qu'on se croie

excité à la vengeance, il faut répéter à ceux qui voudraient s'y abandonner, non pas qu'ils n'y trouveraient pas de bonheur, ils ne le
savent que trop, mais il faut leur répéter qu'il n'est point de fléau
politique plus redoutable.

Cette passion pourrait perpétuer le malheur depuis la première
offense, jusqu'à la fin de la race humaine ; et dans les temps où les
fureurs des partis ont emportés tous les hommes dans tous les sens
au-delà des bornes de la vertu, de la raison, et d'eux-mêmes, les
révolutions ne cessent que quand chacun n'est plus agité par le
besoin de prévenir ou d'éviter les effets de la vengeance.

On se persuade que la crainte d'être puni, peut empêcher les
hommes violents de se porter à de certains excès, ce n'est pas du tout
connaître la nature de l'emportement. Quand on est criminel de
sang-froid, comme on calcule toujours, tels périls, tels obstacles de
plus peuvent arrêter ; mais les hommes passionnés, qui se précipitent dans les révolutions, sont irrités par la crainte même si l'on
parvient à la leur faire éprouver ; la peur excite les caractères impétueux au lieu de les contenir.

Il est une réflexion qui devrait servir de guide à ceux qui se
mêlent des grands débats des hommes entr'eux, c'est qu'ils doivent
considérer leurs ennemis comme étant de leur nature ; il y a
malheureusement de l'homme jusques dans le scélérat, et l'on ne se
sert jamais cependant de la connaissance de soi, pour s'aider à
deviner un autre. On dit qu'il faut contraindre, humilier, punir, et
l'on sait néanmoins que de pareils moyens ne produiraient dans
notre ame qu'une exaspération irréparable ; on voit ses ennemis
comme une chose physique qu'on peut abattre, et soi-même, comme
un être moral que sa propre volonté seule doit diriger.

S'il est une passion destructive du bonheur et de l'existence des
pays libres, c'est la vengeance ; l'enthousiasme qu'inspire la liberté,
l'ambition qu'elle excite, met les hommes dans un plus grand
mouvement, fait naître plus d'occasions d'être opposés les uns aux
autres. L'amour de la patrie l'emportait tellement chez les Romains
sur toute autre passion, que les ennemis servaient ensemble, et d'un
commun accord, les intérêts de la république. Si la vengeance n'est
pas proscrite par l'esprit public dans une nation où chaque individu
existe de toute sa force personnelle, où le despotisme ne compri-
mant point la masse, chaque homme a une valeur et une puissance
particulière, les individus finiront par haïr tous les individus, et le
lien de parti se rompant à mesure qu'un nouveau mouvement crée

de nouvelles divisions, il n'y aura point d'homme qui n'ait, après un certain temps, des motifs pour détester successivement tout ce qu'il a connu dans sa vie. Certes, le plus bel exemple qui put exister de renonciation à la vengeance, ce serait en France, si la haine cessait de renouveler les révolutions ; si le nom Français, par orgueil et par patriotisme, ralliait tous ceux qui ne sont pas assez criminels pour que le pardon même ne fut pas cru de leur propre cœur. Sans doute, ce serait un héroïque oubli, mais il est tellement nécessaire que, même en jugeant son étonnante difficulté, on a besoin de l'espérer encore. La France ne peut être sauvée que par ce moyen, et les partisans de la liberté, les amateurs des arts, les admirateurs du génie, les amis d'un beau ciel, d'une nature féconde, tout ce qui sait penser, tout ce qui a besoin de sentir, tout ce qui veut vivre, enfin, de la vie des idées, ou des sensations fortes, implore à grands cris le salut de cette France.

7

DE L'ESPRIT DE PARTI

Il faut avoir vécu contemporain d'une révolution religieuse ou politique, pour savoir quelle est la force de cette passion. Elle est la seule dont la puissance ne se démontre pas également dans tous les temps et dans tous les pays. Il faut qu'une sorte de fermentation, causée par des évènements extraordinaires, développe ce sentiment, dont le germe existe toujours chez un grand nombre d'hommes, mais peut mourir avec eux sans qu'ils aient jamais eu l'occasion de le reconnaître.

Des querelles frivoles, telles que des disputes sur la musique, sur la littérature, peuvent donner quelques idées légères de la nature de l'esprit de parti ; mais il n'existe tout entier, mais il n'est l'action dévorante qui consume les générations et les empires, que dans ces grands débats où l'imagination peut puiser sans mesure tous les motifs d'enthousiasme ou de haine.

On doit d'abord distinguer l'esprit de parti de l'amour propre, qui fait tenir à l'opinion qu'on a soutenue ; il en diffère tellement qu'on peut même quelquefois mettre ces deux penchants en opposition. Un homme diversement célèbre, M. de Condorcet, avait précisément le caractère de l'esprit de parti. Ses amis assurent, qu'il aurait écrit contre son opinion ; qu'il l'aurait et désavouée et combattue ouvertement, sans confier à personne le secret de ses efforts, s'il avait cru que ce moyen pouvait servir à faire triompher la cause de cette opinion même. L'orgueil, l'émulation, la vengeance, la crainte, prennent le masque de l'esprit de parti, mais cette passion à elle

seule est plus ardente ; elle est du fanatisme et de la foi, à quelqu'objet qu'elle s'applique.

Eh ! qu'y a-t-il au monde de plus violent et de plus aveugle que
ces deux sentiments ? Pendant les siècles, déchirés par les querelles
religieuses, on a vu des hommes obscurs, sans aucune idée de gloire,
sans aucun espoir d'être connus, employer tous les moyens, braver
tous les dangers, pour servir la cause qu'ils avaient adoptée. Un
beaucoup plus grand nombre d'hommes se mêle aux querelles politiques, parce que dans les intérêts de ce genre, toutes les passions se
joignent à l'esprit de parti, et décident à suivre l'un ou l'autre éten-
dard ; mais le pur fanatisme, dans tous les temps, et pour quelque
but que ce soit, n'existe que dans un certain nombre d'hommes, qui
auraient été Catholiques ou Protestants dans le XVe siècle, et se font
aujourd'hui Aristocrates ou Jacobins. Ce sont des esprits crédules,
soit qu'ils se passionnent pour ou contre les vieilles erreurs ; et leur
violence, sans arrêt, leur donne le besoin de se placer à l'extrême de
toutes les idées, pour y mettre à l'aise leur jugement et leur
caractère.

L'exaltation de ce qu'on appelle la philosophie, est une superstition comme le culte des préjugés ; les mêmes défauts conduisent aux
deux excès contraires ; et c'est la différence des situations ou le
hasard d'un premier mot, qui, dans la classe commune, fait de deux
hommes de parti, deux ennemis, ou deux complices.

L'homme éclairé, qui d'abord adopta la cause des principes, parce
que sa pensée n'avait pu s'astreindre à respecter des préjugés
absurdes, alors qu'il embrasse une vérité avec l'esprit de parti, perd
la faculté de raisonner, ainsi que le partisan de l'erreur, et bientôt
emploie des moyens semblables. De même qu'on a vu prêcher
l'athéisme avec l'intolérance de la superstition, l'esprit de parti
commande la liberté avec la fureur du despotisme.

On a dit souvent, dans le cours de la révolution de France, que
les Aristocrates et les Jacobins tenaient le même langage, étaient
aussi absolus dans leurs opinions, et, selon la diversité des situations, adoptaient un système de conduite également intolérant.
Cette remarque doit être considérée comme une simple conséquence du même principe. Les passions rendent les hommes
semblables entr'eux, comme la fièvre jette dans le même état des
tempéraments divers ; et de toutes les passions, la plus uniforme
dans ses effets, c'est l'esprit de parti.

Elle s'empare de vous comme une espèce de dictature, qui fait taire toutes les autorités de l'esprit, de la raison et du sentiment : sous cet asservissement, pendant qu'il dure, les hommes sont moins malheureux que par le libre arbitre qui reste encore aux autres passions ; dans celle-là, la route qu'il faut suivre est commandée comme le but qu'on doit atteindre : les hommes dominés par cette passion sont inébranlables jusques dans le choix de leurs moyens ; ils ne voudraient pas les modifier, même pour arriver plus sûrement à leur objet : les chefs, comme dans toutes les religions, sont plus adroits parce qu'ils sont moins enthousiastes ; mais les disciples se font un article de foi de la route autant que du but. Il faut que les moyens soient de la nature de la cause, parce que cette cause paraissant la vérité même, doit triompher seulement par l'évidence et la force. Je vais rendre cette idée sensible par des exemples.

Dans l'Assemblée Constituante, les membres du côté droit auraient pû faire passer quelques-uns des décrets qui les intéressaient, s'ils eussent laissé la parole à des hommes plus modérés qu'eux, et par conséquent plus agréables au parti populaire ; mais ils aimaient mieux perdre leur cause, en la faisant soutenir par l'abbé Maury, que de la gagner en la laissant défendre par un orateur qui ne fut pas précisément de leur opinion sous tous les autres rapports.

Un triomphe acquis par une condescendance, est une défaite pour l'esprit de parti. Lorsque les Constitutionnels luttaient contre les Jacobins, si les Aristocrates avaient adoptés le système des premiers ; s'ils avaient conseillé au roi de se livrer à eux, ils auraient alors renversé l'ennemi commun, sans perdre l'espoir de se défaire un jour de leurs alliés.

Mais dans l'esprit de parti, l'on aime mieux tomber, en entraînant ses ennemis, que triompher avec quelqu'un d'entr'eux.

Lorsqu'en étant assidu aux élections, on pouvait influer sur le choix des hommes dont allait dépendre le sort de la France, les Aristocrates aimaient mieux l'exposer au joug des scélérats, que de reconnaître quelques-uns des principes de la révolution en votant dans les Assemblées primaires.

L'intégrité du dogme importe davantage encore que les succès de la cause.

Plus l'esprit de parti est de bonne foi, moins il admet de conciliation ou de traité d'aucun genre ; et comme ce ne serait pas croire véritablement à l'existence efficace de sa religion, que de recourir à l'art pour l'établir, dans un parti, l'on se rend suspect en raisonnant, en reconnaissant même la force de ses ennemis, en faisant le moindre sacrifice pour assurer la plus grande victoire.

Quel exemple de cet esprit impliable, dans chaque détail comme dans l'ensemble, le parti populaire aussi n'a-t-il pas donné ? Combien de fois n'a-t-il pas refusé tout ce qui pouvait ressembler à une modification ? L'ambition sait se plier à chacune des circonstances pour profiter de toutes, la vengeance même peut retarder, ou détourner sa marche ; mais l'esprit de parti est comme les forces aveugles de la nature, qui vont toujours dans la même direction : cette impulsion une fois donnée à la pensée, elle prend un caractère de roideur qui lui ôte, pour ainsi dire, ses attributs intellectuels ; on croit se heurter contre quelque chose de physique, lorsqu'on parle à des hommes qui se précipitent dans la ligne de leur opinion. Ils n'entendent, ni ne voient, ni ne comprennent : avec deux ou trois raisonnements ils font face à toutes les objections ; et lorsque ces traits lancés n'ont pas convaincu, ils ne savent plus avoir recours qu'à la persécution.

L'esprit de parti unit les hommes entr'eux par l'intérêt d'une haine commune, mais non par l'estime ou l'attrait du cœur ; il anéantit les affections qui existent dans l'ame, pour y substituer des liens formés seulement par les rapports d'opinion : l'on sait moins de gré à un homme de ce qu'il fait pour vous que pour votre cause ; vous avoir sauvé la vie est un mérite beaucoup moins grand à vos yeux que de penser comme vous ; et, par un code singulier, l'on n'établit les relations d'attachement et de reconnaissance qu'entre les personnes du même avis : la limite de son opinion est aussi celle de ses devoirs ; et si l'on reçoit, dans quelques circonstances, des secours d'un homme qui suit un parti contraire au sien, il semble que la confraternité humaine n'existe plus avec lui, et que le service qu'il vous a rendu est un hasard qu'on doit totalement séparer de celui qui l'a fait naître. Les grandes qualités d'un homme qui n'a pas la même religion politique que vous, ne peuvent être comptées par ses adversaires ; les torts, les crimes mêmes de ceux qui partagent votre opinion ne vous détachent pas d'eux ; le grand caractère de la véritable passion est d'anéantir tout ce qui n'est pas elle, et une idée dominante absorbe toutes les autres.

Il n'est point de passion qui doive plus entraîner à tous les crimes par cela même, que celui qui l'éprouve est enivré de meilleure foi ; et que le but de cette passion n'étant pas personnel à l'individu qui s'y livre, il croit se dévouer, en faisant le mal, conserve le sentiment de la vertu, en commettant les plus grands crimes, et n'éprouve ni les craintes, ni les remords inséparables des passions égoïstes, des passions qui sont coupables aux yeux de celui même qui s'y abandonne.

L'esprit de parti n'a point de remords. Son premier caractère est de voir son objet tellement au-dessus de tout ce qui existe, qu'il ne peut se repentir d'aucun sacrifice quand il s'agit d'un tel but. La dépopulation de la France était conçue par la féroce ambition de Robespierre, exécutée par la bassesse de ses agents ; mais cette affreuse idée était admise par l'esprit de parti lui seul, et l'on a dit, sans être un assassin, *il y a deux millions d'hommes de trop en France.*

L'esprit de parti est exempt de craintes, non pas seulement par l'exaltation de courage qu'il peut inspirer, mais par la sécurité qu'il fait naître : les Jacobins et les Aristocrates, depuis le commencement de la révolution, n'ont pas un instant désespéré du triomphe de leur opinion, et au milieu des revers qui ont frappé si constamment les Aristocrates, il y avait quelque chose de béat dans la certitude avec laquelle ils débitaient des nouvelles, que la foi la plus superstitieuse aurait à peine adoptées.

Il y a cependant quelques nuances générales qui, sans application, particulières la révolution de France, distinguent l'esprit de parti de ceux qui défendent les anciens préjugés, d'avec l'esprit de parti de ceux qui veulent établir de nouveaux principes. L'esprit de parti des premiers est de meilleure foi, celui des novateurs est plus habile ; la haine des premiers est plus profonde, celle des autres est plus agissante ; les premiers s'attachent plus aux hommes, les nova-teurs davantage aux choses ; les premiers sont plus implacables, les seconds plus meurtriers ; les premiers regardent leurs adversaires comme des impies, les seconds les considèrent comme des obstacles, en sorte que les premiers détestent par sentiment, tandis que les autres détruisent par calcul, et qu'il y a moins de paix à espérer des partisans des anciens préjugés, et plus à redouter de la guerre faite par leurs ennemis.

Malgré ces différences cependant, les caractères généraux sont toujours pareils. L'esprit de parti est une sorte de frénésie de l'ame qui ne tient point à la nature de son objet. C'est ne plus voir qu'une idée, lui rapporter tout, et n'apercevoir que ce qui peut s'y réunir : il y a une sorte de fatigue à l'action de comparer, de balancer, de modifier, d'excepter, dont l'esprit de parti délivre entièrement ; les violents exercices du corps, l'attaque impétueuse qui n'exige aucune retenue, donne une sensation physique très-vive et très-enivrante : il en est de même au moral de cet emportement de la pensée qui, délivrée de tous ses liens, voulant seulement aller en avant, s'élance sans réflexion aux opinions les plus extrêmes.

Jamais il ne peut en coûter à l'esprit de parti, d'abandonner des avantages individuels dont on sait la mesure, pour un but tel que cette passion le fait concevoir, pour un but qui n'a jamais rien de réel, de jugé, ni de connu, et que l'imagination revêt de toutes les illusions dont la pensée est susceptible : la démocratie ou la royauté sont le paradis de leurs vrais enthousiastes ; ce qu'elles ont été, ce qu'elles peuvent devenir n'a aucun rapport avec les sensations que leurs partisans éprouvent à leur nom, à lui seul il remue toutes les affections ardentes et crédules dont l'homme est susceptible.

Par cette analyse, on voit que la source de l'esprit de parti est tout-à-fait étrangère au sentiment du crime ; mais si cet examen philosophique inspire un moment d'indulgence, combien les effets affreux de cette passion ne ramènent-ils pas à l'effroi qu'elle doit inspirer !

Il n'en est point qui puisse à cet excès borner la pensée et dépraver la moralité. L'esprit humain ne peut avoir son développement, ne peut faire de véritables progrès, qu'en arrivant à l'impartialité la plus absolue, en effaçant au-dedans de soi la trace de toutes les habitudes, de tous les préjugés, et se faisant, comme Descartes, une méthode indépendante de toutes les routes déjà tracées. Or, quand la pensée est une fois saisie de l'esprit de parti, ce n'est pas des objets à soi, mais de soi vers les objets que partent les impressions, on ne les attend pas, on les devance, et l'œil donne la forme au lieu de recevoir l'image. Les hommes d'esprit qui, dans toute autre circonstance, cherchent à se distinguer, ne se servent jamais alors, que du petit nombre d'idées qui leur sont communes avec les plus bornés d'entre ceux de la même opinion : il y a une sorte de cercle magique tracé autour du sujet de ralliement que tout le parti parcourt et que personne ne peut franchir ; soit qu'on redoute, en multipliant ses raisonnements, d'offrir un plus grand nombre de points d'attaque à ses ennemis ; soit que la passion ait également dans tous les hommes plus d'identité que d'étendue, plus de force que de variété ; placés à l'extrême d'une idée comme des soldats à leur poste, jamais vous ne pourrez les décider à venir à la découverte d'un autre point de vue de la question, et tenant à quelques principes comme à des chefs, à des opinions, comme à des serments, on dirait que vous leur proposez une trahison quand vous voulez les engager à examiner, à s'occuper d'une idée nouvelle, à combiner de nouveaux rapports.

Cette manière de ne considérer qu'un seul côté dans tous les objets, et de les présenter toujours dans le même sens, est ce que l'on peut imaginer de plus fatigant, dès qu'on n'est pas susceptible de l'esprit de parti ; et l'homme le plus impartial, témoin d'une révolution, finit par ne plus savoir comment retrouver le vrai, au milieu des tableaux imaginaires où chaque parti croit montrer la vérité avec évidence. Les géomètres rappellent à eux la certitude par des moyens assurés ; mais dans cette sphère d'idées où les sensations, les réflexions, les paroles mêmes, s'aident mutuellement à former le corps des vraisemblances, quand les mots les plus nobles ont été déshonorés, les raisonnements les plus justes faussement enchaînés, les sentiments les plus vrais opposés les uns aux autres, on se croit dans ce chaos que Milton aurait rendu mille fois plus horrible, s'il l'avait pu représenter, dans le monde intellectuel, confondant aux yeux de l'homme le juste et l'injuste, le crime et la vertu.

Un siècle, une nation, un homme, sous le seul rapport des lumières, sont très-longtemps à se relever du fléau de l'esprit de parti. Les réputations n'ayant plus de rapport avec le mérite réel, l'émulation se ralentit en perdant son objet. L'injustice décourage de la recherche de la vérité ; la gloire est rarement contemporaine, et la renommée elle-même est tellement investie par l'esprit de parti, que l'homme vertueux et grand peut ne pas obtenir son recours sur les siècles.

Cette passion étouffe dans les hommes supérieurs les facultés qu'ils tenaient de la nature, et cette carrière de vérité, indéfinie comme l'espace et le temps, dans laquelle l'homme qui pense jouit d'un avenir sans bornes, atteint un but toujours renaissant ; cette carrière se referme à la voix de l'esprit de parti, et tous les désirs, comme toutes les craintes, vouent à la servitude de la foi les têtes formées pour concevoir, découvrir et juger. Enfin, l'esprit de parti, doit être de toutes les passions celle qui s'oppose le plus au développement de la pensée, puisque, comme nous l'avons déjà dit, ce fanatisme ne laisse pas même le choix des moyens pour assurer sa victoire, et que son propre intérêt ne l'éclaire point, quand il est entièrement de bonne foi.

L'esprit de parti arrive souvent à son but par sa constance et son intrépidité, mais jamais par ses lumières : l'esprit de parti qui calcule n'est déjà plus, c'est alors une opinion, un plan, un intérêt ; ce n'est plus la folie, l'aveuglement qui ne pourrait cesser sur un point sans entrevoir tout le reste.

Mais si cette passion borne la pensée, quelle influence n'a-t-elle pas sur le cœur !

Je commence par dire qu'il y a une époque de la révolution de France (la tyrannie de Robespierre) dont il me paraît impossible d'expliquer tous les effets par des idées générales, ni sur l'esprit de parti, ni sur toutes les autres passions humaines ; ce temps est hors de la nature, au-delà du crime, et, pour le repos du monde, il faut se persuader que nulle combinaison ne pouvant conduire à prévoir, à expliquer de semblables atrocités, ce concours fortuit de toutes les monstruosités morales, est un hasard inouï dont des milliers de siècles ne peuvent ramener la chance.

Mais en deçà de cet horrible terme, combien en France, combien dans tous les temps, l'esprit de parti n'a-t-il pas entraîné d'actions coupables ? C'est une passion sans aucune espèce de contre-poids ; tout ce qui se rencontre dans sa route doit être sacrifié au but qu'elle se propose. Toutes les autres passions étant égoïstes, il s'établit dans plusieurs occasions une sorte de balance entre les divers intérêts personnels. Un ambitieux peut quelquefois préférer les plaisirs de l'amitié, les avantages de l'estime, à telle ou telle partie du pouvoir ; mais dans l'esprit de parti il n'y a rien que d'absolu, parce qu'il n'y a rien de réel, et que la comparaison se faisant toujours du connu à l'inconnu ; de ce qui a une borne, à ce qui est indéfini, ne permet jamais d'hésiter entre cette incommensurable espérance, et quelque bien temporel que ce puisse être. Je me sers de l'expression *temporel*, parce que l'esprit de parti déifie la cause qu'il adopte, en espérant de son triomphe des effets au-dessus de la nature des choses.

L'esprit de parti est la seule passion qui se fasse une vertu de la destruction de toutes les vertus, une gloire de toutes les actions qu'on chercherait à cacher, si l'intérêt personnel les faisait commettre ; et jamais l'homme n'a pu être jeté dans un état aussi redoutable, que lorsqu'un sentiment qu'il croit honnête, lui commande des crimes ; s'il est capable d'amitié, il est plus fier de la sacrifier ; s'il est sensible, il s'enorgueillit de dompter sa peine : enfin, la pitié, ce sentiment céleste, qui fait de la douleur un lien entre les hommes ; la pitié, cette vertu d'instinct, qui conserve l'espèce humaine, en préservant les individus de leurs propres fureurs, l'esprit de parti a trouvé le seul moyen de l'anéantir dans l'ame, en portant l'intérêt sur les nations entières, sur les races futures, pour le

détacher des individus ; l'esprit de parti efface les traits de sympathie pour y substituer des rapports d'opinion, et présente enfin les
malheurs actuels comme le moyen, comme la garantie d'un avenir
immortel, d'un bonheur politique au-dessus de tous les sacrifices
qu'on peut exiger pour l'obtenir.

Si l'on s'était convaincu d'un principe simple, c'est que les
hommes n'ont pas le droit de faire le mal pour arriver au bien, nous
n'aurions pas vus tant de victimes humaines immolées sur l'autel
même des vertus. Mais depuis que ces transactions ont existé entre
le présent et l'avenir, entre le sacrifice de la génération actuelle et les
dons à faire à la génération future, il n'y a point eu de bornes qu'un
nouveau degré de passion ne se crut en droit de franchir ; et souvent
des hommes, enclins au crime, croyant s'enivrer des exemples de
Brutus, de Manlius, de Pison, ont proscrit la vertu, parce que de
grands hommes avaient immolé le crime ; ont assassiné ceux qu'ils
haïssaient, parce que les Romains savaient sacrifier ce qu'ils avaient
de plus cher ; ont massacré de faibles ennemis, parce que des ames
généreuses avaient attaqué leurs adversaires dans la puissance, et ne
prenant du patriotisme que les sentiments féroces qu'il a pu
produire dans quelques époques, n'ont eu de grandeur que dans le
mal, et ne se sont fiés qu'à l'énergie du crime.

Il sera vrai, cependant, que l'homme vertueux peut surpasser, en
force active et dominante, le coupable le plus audacieux. Il manque
encore un beau spectacle au monde, c'est un Sylla dans la route de la
vertu, un homme dont le caractère démontre que le crime est une
ressource de la faiblesse, et que c'est aux défauts des hommes de
bien, mais non à leur moralité, qu'il faut attribuer leurs revers.

Après avoir esquisse le tableau de l'esprit de parti, il entre dans
mon sujet de parler du bonheur que cette passion peut promettre. Il
y a un moment de jouissance dans toutes les passions tumultueuses,
c'est le délire qui agite l'existence, et donne au moral l'espèce de
plaisir que les enfants éprouvent dans les jeux qui les enivrent de
mouvement et de fatigue : l'esprit de parti peut très-bien suppléer à
l'usage des liqueurs fortes ; et si le petit nombre se dérobe à la vie
par l'élévation de la pensée, la foule lui échappe par tous les genres
d'ivresse ; mais quand l'égarement a cessé, l'homme qui se réveille de
l'esprit de parti, est le plus infortuné des êtres.

D'abord l'esprit de parti ne peut jamais obtenir ce qu'il désire ;
les extrêmes sont dans la tête des hommes, mais point dans la nature
des choses. Jamais il n'existe un esprit de parti, sans qu'il en fasse

naître un autre qui lui soit opposé, et le combat ne finit que par le triomphe de l'opinion intermédiaire.

Il faut de l'esprit de parti pour lutter efficacement contre un autre esprit de parti contraire, et tout ce que la raison trouve absurde est précisément ce qui doit réussir contre un ennemi qui prendra aussi des mesures absurdes : ce qui est au dernier terme de l'exagération, transporte sur le terrain où il faut combattre, et donne des armes égales à celles de ses adversaires ; mais ce n'est point par calcul que l'esprit de parti prend ainsi des moyens extrêmes, et leur succès n'est point une preuve des lumières de ceux qui les emploient ; il faut que les chefs, comme les soldats, marchent en aveugles pour arriver ; et celui qui raisonnerait l'extravagance, n'aurait jamais à cet égard l'avantage d'un véritable fou.

La puissance guerrière est une puissance toute d'impulsion, et il n'y a que de la guerre dans l'esprit de parti ; car tous ces principes constitués pour l'attaque, ces lois servans d'arme offensive, finissent avec la paix, et la victoire la plus complète d'un parti, détruit nécessairement toute l'influence de son fanatisme ; rien n'est, rien ne peut rester comme il le veut.

C'est sans doute à l'instinct secret de l'empire que doit avoir le vrai sur les évènements définitifs, du pouvoir que doit prendre la raison dans les temps calmes, c'est à cet instinct qu'est dû l'horreur des combattants pour les partisans des opinions modérées : les deux factions opposées les considèrent comme leurs plus grands ennemis, comme ceux qui doivent recueillir les avantages de la lutte sans s'être mêlés du combat ; comme ceux, enfin, qui ne peuvent acquérir que des succès durables, alors qu'ils commencent à en obtenir. Les Jacobins, les Aristocrates, craignent moins leurs succès réciproques, parce qu'ils les croient passagers, et se connaissent des défauts semblables qui donnent toujours autant davantage au vaincu qu'au vainqueur. Mais quand la fluctuation des idées ramène les affaires au point juste et possible, la puissance, la considération de l'esprit de parti est finie, le monde se rasseoit sur ses bases ; l'opinion publique honore la raison et la vertu ; et cette époque inévitable peut se calculer comme les lois de la nature ; il n'y a point de guerre éternelle, et point de paix cependant sous la dictée des passions, point de repos sans accord, point de calme sans tolérance, point de parti donc qui, lorsqu'il a détruit ses ennemis, puisse satisfaire ses enthousiastes.

Il est d'ailleurs une autre observation, c'est que dans ces sortes de guerres le parti vaincu se venge toujours sur les hommes du triomphe qu'il cède aux choses. Les principes ressortent avec éclat des attaques de leurs antagonistes ; les individus succombent sous les attaques de leurs adversaires. Tout homme extrême dans son parti n'est jamais propre à gouverner, les affaires de ce parti, lorsqu'il cesse d'être en guerre ; et la haine que les opposants portaient à la cause, prend la forme du mépris pour ses plus criminels défenseurs. Ce qu'ils ont fait pour faire triompher leur parti, a perdu leur réputation individuelle ; ceux mêmes qui les applaudissaient, lorsqu'ils croyaient être préservés par eux de quelques dangers, veulent l'honneur de les juger, lorsque le péril est passé ; la vertu est tellement l'idée primitive de tous les hommes, que les complices sont aussi sévères que les juges, lorsque la solidarité n'existe plus ; et les vaincus et les vainqueurs sont réconciliés ensemble quand les uns renoncent à leur absurde cause, et les autres à leurs coupables chefs.

Les triomphes d'un parti donc ne servent jamais à ceux qui s'y sont montrés les plus violents et les plus injustes.

Mais quand l'esprit de parti, dans toute sa bonne foi, rendrait indifférent aux succès de l'ambition personnelle, jamais cette passion, considérée d'une manière générale, n'est complètement satisfaite par aucun résultat durable ; et si jamais elle pouvait l'être, si elle atteignait jamais ce qu'elle appelle son but, il n'est point d'espoir qui fut plus détrompé, qui cessa plus sûrement au moment de la jouissance ; car il n'en est point dont les illusions aient moins de rapport avec la réalité ; il y a quelque chose de vrai dans les satisfactions que donnent la puissance, la gloire, mais lorsque l'esprit de parti triomphe, par cela même il est détruit.

Eh ! quel réveil que cet instant ! le malheur qu'il cause serait encore possible à supporter, s'il venait uniquement de la perte d'une grande espérance ; mais par quels moyens racheter les sacrifices qu'elle a coûtés, et que devient un homme honnête, alors qu'il se reconnaît coupable d'actions qu'il condamne en recouvrant sa raison ?

Il en coûte de le dire, de peur de modifier l'horreur que doit inspirer le crime ; il y a, dans la révolution, des hommes dont la conduite publique est détestable, et qui, dans les relations privées, s'étaient montrés pleins de vertus. Je le répète, en examinant tous les effets du fanatisme, on acquiert la démonstration, que c'est le seul sentiment qui puisse réunir ensemble des actions coupables et une ame honnête ; de ce contraste doit naître le plus effroyable supplice dont l'imagination puisse se faire l'idée : les malheurs qui sont causés par le caractère, ont leur remède en lui-même ; il y a, jusques dans l'homme profondément criminel, une sorte d'accord qui seul peut faire qu'il existe, et reste lui-même ; les sentiments qui l'ont conduit au crime lui en dérobent l'horreur ; il supporte le mépris par le même mouvement qui l'a porté à le mériter. Mais quel supplice que la situation qui permet à un homme estimable, de se juger, de se voir, ayant commis de grands crimes !... C'est d'une telle supposition que les anciens ont tiré les plus terribles effets de leurs tragédies : ils attribuent à la fatalité les actions coupables d'une ame vertueuse ; cette invention poëtique, qui fait du rôle d'Oreste le plus déchirant de tous les spectacles, l'esprit de parti peut la réaliser ; la main de fer du destin n'est pas plus puissante que cet asservissement à l'empire d'une seule idée, que le délire que toute pensée unique fait naître dans la tête de celui qui s'y abandonne ; c'est la fatalité, pour ces temps-ci, que l'esprit de parti, et peu d'hommes sont assez forts pour lui échapper.

Aussi se réveilleront-ils un jour ceux qui seuls sont sincères, ceux qui seuls méritent les regrets ; accablés de mépris, tandis qu'ils auraient besoin de considération ; accusés du sang et des pleurs, tandis qu'ils seront encore capables de pitié ; isolés dans l'univers sensible, tandis qu'ils pensaient s'unir à toute la race humaine ; ils éprouveront ces douleurs alors que les motifs qui les ont entraînés auront perdu toute réalité, même à leurs yeux, et ne conserveront de la funeste identité, qui ne leur permet pas de se séparer de leur vie passée, que les remords pour garants ; les remords, seuls liens des deux êtres les plus contraires ; celui qu'ils se sont montrés sous le joug de l'esprit de parti ; celui qu'ils devaient être par les dons de la nature.

8

DU CRIME

Il faut le dire, quoiqu'on en frémisse, l'amour du crime en lui-même est une passion. Sans doute, ce sont toutes les autres qui conduisent à cet excès, mais quand elles ont entraîné l'homme à un certain terme de scélératesse, l'effet devient la cause, et le crime, qui n'était d'abord que le moyen, devient le but.

Cet horrible état demande une explication particulière, et peut-être faut-il avoir été témoin d'une révolution, pour comprendre ce que je vais dire sur ce sujet.

Deux liens retiennent les hommes sous l'empire de la moralité, l'opinion publique et l'estime d'eux-mêmes. Il y a beaucoup d'exemples de braver la première en respectant la seconde ; alors le caractère prend une sorte d'amertume et de misanthropie, qui exclu beaucoup des bonnes actions que l'on fait pour être regardé, sans anéantir toutefois les sentiments honnêtes qui décident de l'accomplissement des principaux devoirs : mais dès qu'on a rompu tout ce qui mettait de la conséquence dans sa conduite, dès qu'on ne peut plus rattacher sa vie à aucun principe, quelque facile qu'il soit, la réflexion, le raisonnement étant alors impossible à supporter, il passe dans le sang une sorte de fièvre qui donne le besoin du crime.

C'est une sensation physique transportée dans l'ordre moral, et même cette frénésie se manifeste assez ordinairement par des symptômes extérieurs. Robespierre, et la plupart de ses complices, avaient habituellement des mouvements convulsifs dans les mains, dans la tête ; on voyait en eux l'agitation d'un constant effort. On commence à se livrer à un excès par entraînement, mais, à son comble, il amène toujours une sorte de tension involontaire et terrible, hors des lignes de la nature, dans quelque sens que ce soit ; ce n'est plus la passion qui commande, mais la contraction qui soutient.

Certainement l'homme criminel croit toujours, d'une manière générale, marcher vers un objet quelconque, mais il y a un tel égarement dans son ame, qu'il est impossible d'expliquer toutes ses actions par l'intérêt du but qu'il veut atteindre : le crime appelle le crime ; le crime ne voit de salut que dans de nouveaux crimes ; il fait éprouver une rage intérieure qui force à agir sans autre motif que le besoin d'action. On ne peut guères comparer cet état qu'à l'effet du goût du sang sur les bêtes féroces, alors même qu'elles n'éprouvent ni la faim, ni la soif. Si, dans le système du monde, les diverses natures des êtres, des espèces, des choses, des sensations, se tiennent par des intermédiaires, il est certain que la passion du crime est le chaînon entre l'homme et les animaux ; elle est à quelques égards aussi involontaire que leur instinct, mais elle est plus dépravée ; car c'est la nature qui a créé le tigre, et c'est l'homme qui s'est fait criminel : l'animal sanguinaire a sa place marquée dans le monde, et il faut que le criminel le bouleverse, pour y dominer.

La trace de raisonnement qu'on peut apercevoir à travers le chaos des sensations d'un homme coupable, c'est la crainte des dangers auxquels ses crimes l'exposent. Quelle que soit l'horreur qu'inspire un scélérat, il surpasse toujours ses ennemis dans l'idée qu'il se fait de la haine qu'il mérite ; par de-là les actions atroces qu'il commet à nos yeux, il sait encore quelque chose de plus que nous qui l'épouvante, il haït dans les autres l'opinion que, sans se l'avouer, il a de son propre caractère ; et le dernier terme de sa fureur serait de détester en lui-même ce qu'il lui reste de conscience, et de se déchirer s'il vivait seul.

On s'étonne de l'inconséquence des scélérats, et c'est précisément ce qui prouve que le crime n'est plus pour eux l'instrument d'un désir, mais une frénésie sans motifs, sans direction fixe, une passion qui se meut sur elle-même. L'ambition, la soif du pouvoir, ou tout autre sentiment excessif, peut faire commettre des forfaits, mais lorsqu'ils sont arrivés à un certain excès, il n'est aucun but qu'ils ne dépassent ; l'action du lendemain est commandée par l'atrocité même de celle de la veille ; une force aveugle pousse les hommes dans cette pente une fois qu'ils s'y sont placés ; le terme, quel qu'il soit, recule à leurs yeux à mesure qu'ils avancent ; l'objet de toutes les autres passions est connu, et le moment de la possession promet du moins le calme de la satiété. Mais dans cette horrible ivresse, l'homme se sent condamné à un mouvement perpétuel ; il ne peut s'arrêter à aucun point limité, puisque la fin de tout est du repos, et que le repos est impossible pour lui ; il faut qu'il aille en avant, non qu'au-devant de lui l'espérance apparaisse, mais parce que l'abyme est derrière, et que, comme pour s'élever au sommet de la montagne Noire, décrite dans les Contes Persans, les degrés sont tombés à mesure qu'il les a montés.

Le sentiment dominant de la plûpart de ces hommes est sans doute la crainte d'être punis de leurs forfaits ; cependant il y a en eux une certaine fureur qui ne leur permettrait pas d'adopter les moyens les plus sûrs, s'ils étaient en même-temps les plus doux ; ce n'est que dans les crimes présents qu'ils cherchent la garantie des crimes passés ; car toute résolution qui tendrait à la paix, à la réconciliation, fut-elle réellement utile à leurs intérêts, ne serait jamais adoptée par eux ; il y aurait dans de telles mesures une sorte de relâchement, de calme incompatible avec l'agitation intérieure, avec l'âpreté convulsive de tels hommes.

Plus ils étaient nés avec des facultés sensibles, plus l'irritation qu'ils éprouvent est horrible ; il vaut mieux, en fait de crimes, avoir à faire à ces êtres corrompus, pour qui la moralité n'a jamais été rien, qu'à ceux qui ont eu besoin de se dépraver, de vaincre quelques qualités naturelles ; ils sont plus offensés du mépris, ils sont plus inquiets d'eux-mêmes, ils s'élancent plus loin pour mieux se séparer des combinaisons ordinaires, qui leur rappelleraient les anciennes traces de ce qu'ils ont senti et pensé.

Quand une fois les hommes sont arrivés à cet horrible période, il faut les rejeter hors des nations, car ils ne peuvent que les déchirer. L'ordre social, qui placerait un tel criminel sur le trône du monde, ne l'apaiserait pas envers les hommes ses esclaves ; rien de restreint dans des bornes fixes, fut-ce le plus haut point de prospérité, ne peut convenir à ces êtres furieux, qui détestent les hommes comme des témoins de leur vie.

Le plus énergique d'entre ces monstres finit par devenir avide de la haine, comme on l'est de l'estime. La nature morale dans les esprits ardents tend toujours à quelque chose de complet, et l'on veut étonner par le crime, quand il n'y a plus de grandeur possible que dans son excès ; l'agrandissement de soi, ce désir qui, d'une manière quelconque, est toujours le principe de toute action au-dehors, l'agrandissement de soi se retrouve dans l'effroi qu'on fait naître. Les hommes sont là pour craindre, s'ils ne sont pas là pour aimer ; la terreur qu'on inspire, flatte et rassure, isole et enivre, et avilissant les victimes, semble absoudre leur tyran.

Mais, je m'aperçois qu'en parlant du crime, je n'ai pensé qu'à la cruauté ; la révolution de France concentre toutes les idées dans cette horrible dépravation : et, après tout, quel crime y a-t-il au monde, si ce n'est ce qui est cruel, c'est-à-dire, ce qui fait souffrir les autres ? Eh ! de quelle nature est celui qui, pour son ambition, a pu donner la mort ? de quelle nature est celui qui sait braver tout ce que cette idée a de solennel et de terrible, cette idée dont le retour immédiat sur soi-même devrait effrayer tout ce qui veut vivre. Cet acte irréparable, cet acte qui seul donne à l'homme un pouvoir sur l'éternité, et lui fait exercer une faculté qui n'est sans bornes que dans l'empire du malheur ; cet acte, quand on a pu, dans la réflexion, le concevoir et l'ordonner, jette l'homme dans un monde nouveau, le sang est traversé ; de ce jour, il sent que le répentir est impossible, comme le mal est ineffaçable ; il ne se croit plus de la même espèce que tout ce qui traite du passé avec l'avenir. Si l'on pouvait encore avoir quelque prise sur un tel caractère, ce serait en lui persuadant tout-à-coup, qu'il est absolument pardonné.

Il n'est peut-être point de tyran, même le plus prospère, qui ne voulut recommencer avec la vertu, s'il pouvait anéantir le souvenir de ses crimes : mais, d'abord, il est presque impossible, quand on le voudrait, de persuader à un coupable qu'on l'absout de ses forfaits, l'opinion qu'un criminel a de lui-même est d'une morale plus sévère que la pitié qu'il pourrait inspirer à un honnête homme ; si, d'ailleurs, il est contre la nature des choses qu'une nation pardonne, quand même son intérêt le plus évident devrait l'y engager.

Il faudrait accueillir la première lueur du repentir comme un engagement éternel, et lier par leurs premiers pas ceux qui, peut-être, les commençaient au hasard ; mais à peine un individu a-t-il assez de force sur lui-même pour suivre une telle conduite, sans se démentir. Par quels moyens peut-on confier à la foule, un plan qui ne peut réussir que s'il n'a jamais l'air d'en être un ? Comment faire adopter au grand nombre une marche combinée, qui doit avoir l'apparence d'un mouvement involontaire, et mouvoir la multitude à l'aide du secret de chacun ?

Un homme véritablement criminel, ne peut donc point être

ramené ; il possède encore moins de moyens en lui-même, pour recourir aux leçons de la philosophie et de la vertu ; l'ascendant de l'ordre et du beau moral perd tout son effet sur une imagination dépravée ; au milieu des égarements, qui n'ont pas atteint cet excès, il reste toujours une portion de soi qui peut servir à rappeler la raison : on a senti dans tous les moments une arrière-pensée, qu'on est sûr de retrouver quand on le voudra, mais le criminel s'est élancé tout entier ; s'il a du remord, ce n'est pas de celui qui retient, mais de celui qui excite de plus en plus à des actions violentes ; c'est une sorte de crainte qui précipite les pas : et, d'ailleurs, tous les sentiments, toutes les sources d'émotion, tout ce qui peut enfin produire une révolution dans le fond du cœur de l'homme, n'existant plus, il doit suivre éternellement la même route.

Je n'ai pas besoin de parler de l'influence d'une telle frénésie sur le bonheur ; le danger de tomber d'un tel état est le malheur même qui menace l'homme abandonné à ses passions, et ce danger seul suffit pour épouvanter de tout ce qui pourrait y conduire. Il n'y a que des nuances à côté de cette couleur, et les poëtes anciens ont si bien senti ce que cette situation avait d'épouvantable, que s'aidant, pour la peindre, de tous les contes allégoriques de la mythologie, ce n'est pas la souffrance seule du remord, mais la douleur même de la passion qu'ils ont exprimée dans leurs tableaux des enfers.

La plus grande partie des idées métaphysiques que je viens d'essayer de développer, sont indiquées par les fables reçues sur le destin des grands criminels ; le tonneau des Danaïdes, Sysiphe, roulant sans cesse une pierre, et la remontant au haut de la même montagne, pour la rouler en bas de nouveau, sont l'image de ce besoin d'agir, même sans objet, qui force un criminel à l'action la plus pénible, dès qu'elle le soustrait à ce qu'il ne peut supporter, le repos. Tantale, approchant sans cesse d'un but qui s'éloigne toujours devant lui, peint le supplice habituel des hommes qui se sont livrés au crime ; ils ne peuvent atteindre à aucun bien, ni cesser de le désirer. Enfin, les anciens poëtes philosophes ont senti que ce n'était pas assez de peindre les peines du répentir, qu'il fallait plus pour l'enfer, qu'il fallait montrer ce qu'on éprouvait au plus fort de l'enivrement, ce que faisait souffrir la passion du crime avant que, par le remord même, elle eut cessé d'exister.

On se demande pourquoi, dans un état si pénible, les suicides ne sont pas plus fréquents, car la mort est le seul remède à l'irréparable ? Mais de ce que les criminels ne se tuent presque jamais, on ne doit point en conclure, qu'ils sont moins malheureux que les hommes qui se résolvent au suicide. Sans parler même du vague effroi que doit inspirer aux coupables ce qui peut suivre cette vie, il y a quelque chose de sensible ou de philosophique dans l'action de se tuer qui est tout-à-fait étranger à l'être dépravé.

Si l'on quitte la vie pour échapper aux peines du cœur, on désire laisser quelques regrets après soi ; si l'on est conduit au suicide par un profond dégoût de l'existence qui sert à juger la destinée humaine, il faut que des réflexions profondes, de longs retours sur soi, aient précédé cette résolution ; et la haine qu'éprouve l'homme criminel contre ses ennemis, le besoin qu'il a de leur nuire, lui feraient craindre de les laisser en repos par sa mort ; la fureur dont il est agité, loin de le dégoûter de la vie, fait qu'il s'acharne davantage à tout ce qui lui a coûté si cher. Un certain degré de peine décourage et fatigue ; l'irritation du crime attache à l'existence par un mélange de crainte et de fureur ; elle devient une sorte de proie qu'on conserve pour la déchirer.

D'ailleurs, un caractère particulier aux grands coupables, c'est de ne point s'avouer à eux-mêmes le malheur qu'ils éprouvent, l'orgueil le leur défend ; mais cette illusion, ou plutôt cette gêne intérieure ne diminue rien de leurs souffrances, car la pire des douleurs est celle qui ne peut se reposer sur elle-même. Le scélérat est inquiet et défiant au fond de sa propre pensée ; il traite avec lui-même comme avec une sorte d'ennemi ; il garde avec sa réflexion quelques-uns des ménagements qu'il observe pour se montrer au public ; et, dans un tel état, il n'existe jamais l'espèce de calme méditatif, d'abandon à la réflexion, qu'il faut pour contempler toute la vérité et prendre d'après elle une résolution irrévocable.

Le courage, qui fait braver la mort, n'a point de rapport avec la disposition qui décide à se la donner : les grands criminels peuvent être intrépides dans le danger, c'est une suite de l'enivrement, c'est une émotion, c'est un moyen, c'est un espoir, c'est une action ; mais ces mêmes hommes, quoique les plus malheureux des êtres, ne se tuent presque jamais, soit que la Providence n'ait pas voulu leur laisser cette sublime ressource, soit qu'il y ait dans le crime une ardente personnalité qui, sans donner aucune jouissance, exclu les sentiments élevés avec lesquels on renonce à la vie.

Hélas ! il serait si difficile de ne pas s'intéresser à l'homme plus grand que la nature, alors qu'il rejette ce qu'il tient d'elle, alors qu'il se sert de la vie pour détruire la vie, alors qu'il sait dompter par la puissance de l'ame le plus fort mouvement de l'homme, l'instinct de sa conservation : il serait si difficile de ne pas croire à quelques mouvements de générosité dans l'homme qui, par repentir, se donnerait la mort ; qu'il est bon que les véritables scélérats soient incapables d'une telle action ; ce serait une souffrance pour une ame honnête, que de ne pas pouvoir mépriser complètement l'être qui lui inspire de l'horreur.

SECTION II : DES SENTIMENS QUI SONT L'INTERMÉDIAIRE ENTRE LES PASSIONS, ET LES RESSOURCES QU'ON TROUVE EN SOI

EXPLICATION DU TITRE DE LA SECONDE SECTION

L'amitié, la tendresse paternelle, filiale et conjugale, la religion, dans quelques caractères, ont beaucoup des inconvénients des passions, et dans d'autres, ces mêmes affections donnent la plupart des avantages des ressources qu'on trouve en soi ; l'exigence, c'est-à-dire le besoin d'un retour quelconque de la part des autres, est le point de ressemblance par lequel l'amitié et les sentiments de la nature se rapprochent des peines de l'amour, et quand la religion est du fanatisme, tout ce que j'ai dit de l'esprit de parti s'applique entièrement à elle.

Mais quand l'amitié et les sentiments de la nature seraient sans exigence, quand la religion serait sans fanatisme, on ne pourrait pas encore ranger de telles affections dans la classe des ressources qu'on trouve en soi ; car ces sentiments modifiés rendent cependant encore dépendant du hasard : si vous êtes séparé de l'ami qui vous est cher, si les parents, les enfants, l'époux que le sort vous a donné, ne sont pas dignes de votre amour, le bonheur que ces liens peuvent promettre, n'est plus en votre puissance ; et quant à la religion, ce qui fait la base de ses jouissances, l'intensité de la foi, est un don absolument indépendant de nous ; sans cette ferme croyance, on doit encore reconnaître l'utilité des idées religieuses, mais il n'est au pouvoir de qui que ce soit de s'en donner le bonheur.

C'est donc sous ces différents rapports que j'ai classé le sujet des trois chapitres que l'on va lire, entre les passions asservissantes, et les ressources qui dépendent de soi seul.

DE L'AMITIÉ

Je ne puis m'empêcher de m'arrêter au milieu de cet ouvrage, m'étonnant moi-même de la constance avec laquelle j'analyse les affections du cœur, et repousse loin d'elles toute espérance de bonheur durable ; est-ce ma vie que je démens ? père, enfants, amis, amies ? est-ce ma tendresse pour vous que je vais désavouer ? Ah ! non ; depuis que j'existe je n'ai cherché, je n'ai voulu de bonheur que dans le sentiment, et c'est par mes blessures que j'ai trop appris à compter ses douleurs. Un jour heureux, un être distingué rattachent à ces illusions, et vingt fois on revient à cette espérance après l'avoir vingt fois perdue ; peut-être à l'instant où je parle, je crois, je veux encore être aimée, je laisse encore ma destinée dépendre tonte entière des affections de mon cœur ; mais celui qui n'a pu vaincre sa sensibilité, n'est pas celui qu'il faut moins croire sur les raisons d'y résister ; une sorte de philosophie dans l'esprit, indépendante de la nature même du caractère, permet de se juger comme un étranger, sans que les lumières influent sur les résolutions, de se regarder souffrir, sans que sa douleur soit allégée par le don de l'observer en soi-même, et la justesse des méditations n'est point altérée par la faiblesse de cœur, qui ne permet pas de se dérober à la peine : d'ailleurs, les idées générales cesseraient d'avoir une application universelle, si l'on y mêlait l'impression détaillée des situations particulières. Pour remonter à la source des affections de l'homme, il faut agrandir ses réflexions en les séparant de ses circonstances personnelles ; elles ont fait naître la pensée, mais la pensée est plus forte qu'elles, et le vrai moraliste est celui qui, ne parlant ni par invention, ni par réminiscence, peint toujours l'homme, et jamais lui.

L'amitié n'est point une passion, car elle ne vous ôte pas l'empire de vous-même ; elle n'est pas une ressource qu'on trouve en soi, puisqu'elle soumet au hasard de la destinée et du caractère des objets de son choix : enfin, elle inspire le besoin du retour et sous ce rapport d'exigence, elle fait ressentir beaucoup des peines de l'amour, sans promettre des plaisirs aussi vifs. L'homme est placé, par toutes ses affections, dans cette triste alternative ; s'il a besoin d'être aimé pour être heureux, tout système de bonheur certain et durable est fini pour lui, et s'il sait y renoncer, c'est une grande partie de ses jouissances sacrifiées pour assurer celles qui lui resteront, c'est une réduction courageuse qui n'enrichit que dans l'avenir.

Je considérerai d'abord dans l'amitié, (non ces liaisons fondées sur divers genres de convenance qu'il faut attribuer à l'ambition et à la vanité,) mais ces attachement pure et vrais, nés du simple choix du cœur dont l'unique cause est le besoin de communiquer ses sentiments et ses pensées, l'espoir d'intéresser, la douce assurance que ses plaisirs et ses peines répondent à un autre cœur. Si deux amis peuvent réussir à confondre leurs existences, à transporter l'un dans l'autre ce qu'il y a d'ardent dans la personnalité ; si chacun d'eux n'éprouve le bonheur ou la peine que par la destinée de son ami ; si se confiant mutuellement dans leurs sentiments réciproques, ils goûtent le repos que donne la certitude, et le charme des affections abandonnées, ils sont heureux ; mais que de douleurs peuvent naître de la poursuite de tels biens !

Deux hommes, distingués par leurs talents, et appelés à une carrière illustre, veulent se communiquer leurs desseins, ils souhaitent de s'éclairer ensemble ; s'ils trouvent du charme dans ces conversations où l'esprit goûte aussi les plaisirs de l'intimité, où la pensée se montre à l'instant même de sa naissance, quel abandon d'amour propre il faut supposer pour croire qu'en se confiant, on ne se mesure jamais ! Qu'on exclu du tête à tête tout jugement comparatif sur le mérite de son ami et sur le sien, et qu'on s'est connu sans se classer : je ne parle pas des rivalités perfides, qui pourraient naître d'une concurrence quelconque, je me suis attachée dans cet ouvrage à considérer les hommes selon leur caractère sous le point de vue le plus favorable. Les passions causent tant de malheurs par elles-mêmes, qu'il n'est pas nécessaire, pour en détourner, de peindre leurs effets dans les ames naturellement vicieuses ; nul homme, à l'avance, ne se croyant capable de commettre une mauvaise action, ce genre de danger n'effraye personne, et lorsqu'on le suppose, on se donne seulement pour adversaire l'orgueil de son lecteur. Imaginons donc qu'une ambition pareille, ou contraire, ne brouillera point deux amis : comme il est impossible de séparer l'amitié des actions qu'elle inspire, les services réciproques sont un des liens qui doivent nécessairement en résulter ; et qui peut se répondre que le succès des efforts de son ami n'influera pas sur vos sentiments pour lui ! si l'on n'est pas content de l'activité de son ami, si l'on croit avoir à s'en plaindre, à la perte de l'objet de ses désirs viendra bientôt se joindre le chagrin plus amer de douter du degré d'intérêt que votre ami mettait à vous seconder. Enfin, en mêlant ensemble le sentiment et les affaires, les intérêts du monde et ceux du cœur, on éprouve une sorte de peine qu'on ne veut pas démêler, parce qu'il est plus honorable de l'attribuer au sentiment seul ; mais qui se compose aussi d'une autre sorte de regrets, rendus plus douloureux par leur mélange avec les affections de l'ame. Il semble alors qu'il vaudrait mieux séparer entièrement l'amitié de tout ce qui n'est pas elle ; mais son plus grand charme serait perdu, si elle ne s'unissait pas à votre existence entière : ne sachant pas, comme l'amour, vivre d'elle-même, il faut qu'elle partage tout ce qui compose vos intérêts et vos sentiments, et c'est à la découverte, à la conservation de cet autre soi, que tant d'obstacles s'opposent.

Les anciens avaient une idée exaltée de l'amitié, qu'ils peignaient sous les traits de Thésée et de Pirithoüs, d'Oreste et de Pilade, de Castor et de Pollux ; mais, sans s'arrêter à ce qu'il y a de mythologique dans ces histoires, c'est à des compagnons d'armes que l'on supposait de tels sentiments, et les dangers que l'on affronte ensemble, en apprenant à braver la mort, rendent plus facile le dévouement de soi-même à un autre. L'enthousiasme de la guerre excite toutes les passions de l'ame, remplit les vides de la vie, et par la présence continuelle de la mort, fait taire la plupart des rivalités, pour leur substituer le besoin de s'appuyer l'un sur l'autre, de lutter, de triompher, ou de périr ensemble. Mais tous ces mouvements généreux que produit le plus beau des sentiments des hommes, la valeur, sont plutôt les qualités propres au courage qu'à l'amitié ; lorsque la guerre est finie, rien n'est moins probable que la réalité, la durée des rapports qu'on se croyait avec celui qui partageait nos périls.

Pour juger de l'amitié même, il faut l'observer dans les hommes qui ne parcourent ni la carrière militaire, ni celle de l'ambition, et peut-être verra-t-on alors que ce sentiment est le plus exigeant de tous dans les ames ardentes ; on veut qu'il suffise à la vie, on s'agite du vide qu'il laisse, on en accuse le peu de sensibilité de son ami, et quand on éprouverait l'un pour l'autre un sentiment semblable, on serait fatigué mutuellement de l'exigence réciproque. Je sais, bien qu'au tableau de toutes ces inquiétudes, on peut opposer les êtres froids qui, aimant, comme ils font toutes les autres actions de leur vie, consacrent à l'amitié tel jour de la semaine, règlent à l'avance quel pouvoir sur leur bonheur ils donneront à ce sentiment, et s'acquittent d'un penchant comme d'un devoir ; mais j'ai déjà dit dans l'introduction de cet ouvrage, que je ne voulais m'occuper que du destin des ames passionnées, le bonheur des autres est assuré par toutes les qualités qui leur manquent.

Les femmes font habituellement de la confidence le premier besoin de l'amitié, et ce n'est plus alors qu'une conséquence de l'amour ; il faut que réciproquement une passion semblable les occupe, et leur conversation n'est souvent alors, que le sacrifice alternatif, fait par celle qui écoute à l'espérance de parler à son tour. La confidence même que l'on s'adresse l'une à l'autre de sentiments moins exclusifs, porte avec elle le même caractère, et l'occupation qu'on a de soi, est un tiers importun successivement à toutes deux. Que devient cependant le plaisir de se confier, si l'on aperçoit de l'indifférence, si l'on surprend un effort ? Tout est dit pour les ames sensibles, et la personnalité seule peut continuer des entretiens dont l'œil pénétrant de la délicatesse a vu l'amitié fatiguée.

Les femmes, ayant toutes la même destinée, tendent toutes au même but ; et cette espèce de jalousie qui se compose du sentiment et de l'amour propre, est la plus difficile à dompter. Il y a, dans la plupart d'entr'elles, un art qui n'est pas de la fausseté, mais un certain arrangement de la vérité, dont elles ont toutes le secret, et dont cependant elles détestent la découverte. Jamais le commun des femmes ne pourra supporter de chercher à plaire à un homme, devant une autre femme ; il y a aussi une espèce de fortune commune à tout ce sexe en agrément, en esprit, en beauté, et chaque femme se persuade qu'elle hérite de la ruine de l'autre. Il faudrait donc ou une absence totale de sentiments vifs qui, en détruisant la rivalité, amortirait aussi toute espèce d'intérêt, ou une vraie supériorité, pour effacer la trace des obstacles généraux qui séparent les femmes entr'elles ; il faut trouver autant d'agréments qu'on peut s'en croire, et plus de qualités positives, pour qu'il y ait du repos dans elle, et du dévouement en soi ; alors le premier bien, sans doute, est l'amitié d'une femme. Quel homme éprouva jamais tout ce que le cœur d'une femme peut souffrir ? l'être qui fut, ou serait aussi malheureux que vous, peut seul porter du secours au plus intime, au plus amer de la douleur. Mais quand cet objet unique serait rencontré, la destinée, l'absence ne pourraient-elles pas troubler le bonheur d'un tel lien ? Et d'ailleurs, celle qui croirait posséder l'ami le plus parfait et le plus sensible, l'amie la plus distinguée, sachant mieux que personne tout ce qu'il faut pour obtenir du bonheur dans de telles relations, serait d'autant plus éloignée de conseiller comme la destinée de tous, la plus rare des chances morales.

Enfin, deux amis d'un sexe différent, qui n'ont aucun intérêt commun, aucun sentiment absolument pareil, semblent devoir se rapprocher par cette opposition même ; mais si l'amour les captive, je ne sais quel sentiment, mêlé d'amour propre et d'égoïsme, fait trouver à un homme ou à une femme liés par l'amitié, peu de plaisir à s'entendre parler de la passion qui les occupe ; ces sortes de liens ou ne se maintiennent pas, ou cessent, alors qu'on n'aime plus l'objet dont on s'entretenait, on s'aperçoit tout-à-coup que lui seul vous réunissait. Si ces deux amis, au contraire, n'ont point de premier objet, ils voudront obtenir, l'un de l'autre, cette préférence suprême. Dès qu'un homme et une femme ne sont point attachés ailleurs par l'amour, ils cherchent dans leur amitié tout le dévouement de ce sentiment, et il y a une sorte d'exigence naturelle, entre deux personnes d'un sexe différent, qui fait demander par degrés, et sans s'en apercevoir, ce que la passion seule peut donner, quelqu'éloigné que l'un et l'autre soit de la ressentir ; on se soumet d'avance et sans peine à la préférence que son ami accorde à sa maîtresse ; mais on ne s'accoutume pas à voir les bornes, que la nature même de son sentiment met aux preuves de son amitié ; on croit donner plus qu'on ne reçoit, par cela même qu'on est plus frappé de l'un que de l'autre, et l'égalité est aussi difficile à établir sous ce rapport que sous tous les autres ; cependant elle est le but où tendent ceux qui se livrent à ce lien. L'amour se passerait bien plutôt de réciprocité que l'amitié ; là où il existe de l'ivresse, on peut suppléer à tout par de l'erreur, mais l'amitié ne peut se tromper, et lorsqu'elle compare, elle n'obtient presque jamais le résultat qu'elle désire, ce qu'on mesure parait si rarement égal ; il y a quelquefois plus de parité dans les extrêmes, et les sentiments sans bornes se croient plus aisément semblables.

Quelles tristes pensées, ces analyses ne font-elles pas naître sur la destinée de l'homme ! Quoi, plus le caractère est susceptible d'attachements passionnés, plus il faut craindre de faire dépendre son bonheur du besoin d'être aimé : est-ce une réflexion qui doive livrer à la froide personnalité ? Ce serait, au contraire, cette réflexion même qui devrait conduire à penser qu'il faut éloigner de toutes les affections de l'ame, jusqu'à l'égoïsme du sentiment. Contentez-vous d'aimer, vous, qui êtes nés sensibles ; c'est là l'espoir qui ne trompe jamais. Sans doute, l'homme qui s'est vu l'objet de la passion la plus profonde, qui recevait à chaque instant une nouvelle preuve de la tendresse qu'il inspirait, éprouvait des émotions plus enivrantes ; ces plaisirs, non créés par soi, ressemblent aux dons du ciel, ils exaltent la destinée ; mais ce bonheur d'un jour gâte toute la vie, le seul trésor intarissable, c'est son propre cœur. Celui qui consacre sa vie au bonheur de ses amis et de sa famille ; celui qui prévenant tous les sacrifices, ignore à jamais où se serait arrêté l'amitié qu'il inspire ; celui qui n'existant que dans les autres, ne peut plus mesurer ce qu'ils feraient pour lui ; celui qui trouve, dans les jouissances qu'il donne, le prix des sentiments qu'il éprouve ; celui dont l'ame est si agissante pour la félicité des objets de sa tendresse, qu'il ne lui reste aucun de ces moments de vague, où la rêverie enfante l'inquiétude et le reproche, celui-là peut, sans crainte, s'exposer à l'amitié.

Mais un tel dévouement n'a presque point d'exemple entre des égaux, il peut exister, causé par l'enthousiasme ou par un devoir quelconque ; mais il n'est presque jamais possible dans l'amitié, dont la nature est d'inspirer le funeste besoin d'un parfait retour ; et c'est, parce que le cœur est fait ainsi, que je me suis réservé de peindre la bonté comme une ressource plus assurée que l'amitié, et meilleur pour le repos des ames passionnément sensibles.

3

DE LA TENDRESSE FILIALE, PATERNELLE ET CONJUGALE

Ce qu'il y a de plus sacré dans la morale, ce sont les liens des parents et des enfants : la nature et la société reposent également sur ce devoir, et le dernier degré de la dépravation est de braver l'instinct involontaire qui, dans ces relations, nous inspire tout ce que la vertu peut commander. Il y a donc toujours un bonheur certain attaché à de tels liens, l'accomplissement de ses devoirs. Mais j'ai dit dans l'introduction de cet ouvrage, qu'en considérant toujours la vertu comme la base de l'existence de l'homme, je n'examinerais les devoirs et les affections que dans leur rapport avec le bonheur ; il s'agit donc de savoir maintenant, quelles jouissances de sentiment, les pères et les enfants peuvent attendre les uns des autres.

Le même principe, fécond en conséquences, s'applique à ces affections comme à tous les attachements du cœur ; si l'on y livre son ame assez vivement pour éprouver le besoin impérieux de la réciprocité, le repos cesse et le malheur commence. Il y a dans ces liens une inégalité naturelle qui ne permet jamais une affection de même genre, ni au même degré ; l'une des deux est plus forte, et par cela même trouve des torts à l'autre, soit que les enfants chérissent leurs parents plus qu'ils n'en sont aimés, soit que les parents éprouvent pour leurs enfants plus de sentiments qu'ils ne leur en inspirent.

Commençons par la première supposition. Les parents ont, pour se faire aimer de leurs enfants dans leur jeunesse, beaucoup des avantages et des inconvénients des rois ; on attend d'eux beaucoup moins qu'on ne leur donne ; on est flatté du moindre effort, on juge tout ce qu'ils font pour vous d'une manière relative, et cette sorte de mesure comparative est bien plus aisément satisfaite ; ce n'est jamais d'après ce qu'on désire, mais d'après ce qu'on a coutume d'attendre, qu'on apprécie leur conduite avec vous ; et il est bien plus facile de causer une agréable surprise à l'habitude, qu'à l'imagination. Les parents adoptent donc, presque toujours par calcul autant que par inclination, cette sorte de dignité qui se voile ; ils veulent être jugés par ce qu'ils cachent, ils veulent qu'on se rappelle leurs droits à l'instant même où ils consentent à les oublier ; mais ce prestige, comme tous, ne peut faire effet que pendant un temps. Le sentiment, usurpateur, veut chaque jour de nouvelles conquêtes : alors même qu'il a tout obtenu, il s'afflige souvent de ce qui manque à la nature de l'homme pour aimer ; comment supporterait-il d'être tenu volontairement à une certaine distance ? Le cœur tend à l'égalité, et quand la reconnaissance se change en véritable tendresse, elle perd son caractère de soumission et de déférence : celui qui aime, ne croit plus rien devoir ; il place au-dessus des bienfaits leur inépuisable source, le sentiment, et si l'on veut toujours maintenir les différences, les supériorités, le cœur se blesse et se retire ; les parents cependant ne savent, ou ne veulent presque jamais adopter ce nouveau système, et la différence d'âge est, peut-être, cause qu'ils ne se rapprochent jamais de vous que par des sacrifices ; or il n'y a que l'égoïsme qui sache s'arranger du bonheur avec ce mot là.

Quelque soit le dévouement des enfants sensibles et respectueux, les nouveaux penchants, les nouveaux devoirs qui les attirent, donnent à leurs parents une humeur secrète qu'ils éprouveront toujours, parce qu'ils ne se l'avoueront jamais. Quand les parents aiment assez profondément leurs enfants pour vivre en eux, pour faire de leur avenir leur unique espérance, pour regarder leur propre vie comme finie, et prendre pour les intérêts de leurs enfants des affections personnelles, ce que je vais dire n'existe point ; mais lorsque les parents restent dans eux-mêmes, les enfants sont à leurs yeux des successeurs, presque des rivaux, des sujets devenus indépendants, des amis, dont on ne compte que ce qu'ils ne font pas, des obligés à qui on néglige de plaire, en se fiant sur leur reconnaissance, des associés d'eux à soi, plutôt que de soi à eux ; c'est une sorte d'union dans laquelle les parents, donnant une latitude infinie à l'idée de leurs droits, veulent que vous leur teniez compte de ce vague de puissance, dont ils n'usent pas après se l'être supposé ; enfin, la plupart ont le tort habituel de se fonder toujours sur le seul obstacle qui puisse exister à l'excès de tendresse qu'on aurait pour eux, leur autorité ; et de ne pas sentir, au contraire, que dans cette relation, comme dans toutes celles où il existe d'un côté une supériorité quelconque, c'est pour celui à qui l'avantage appartient, que la dépendance du sentiment est la plus nécessaire et la plus aimable. Une très-grande simplicité dans le caractère de vos parents, ou une supériorité si marquée, que leurs enfants soient heureux d'entretenir avec eux plutôt un culte qu'une liaison, peuvent détruire ces observations, mais c'est aux situations les plus communes qu'elles s'appliquent.

Dans la seconde supposition, peut-être la plus naturelle, le sentiment maternel, accoutumé par les soins qu'il donne à la première enfance, à se passer de toute espèce de retour, fait éprouver des jouissances très-vives et très-pures, qui portent souvent tous les caractères de la passion, sans exposer à d'autres orages que ceux du sort, et non des mouvements intérieurs de l'ame ; mais il est si tristement prouvé que, dès que le besoin de la réciprocité commence, le bonheur des sentiments s'altère, que l'enfance est l'époque de la vie, qui inspire à la plupart des parents l'attachement le plus vif, soit que l'empire absolu qu'on exerce alors sur les enfants, les identifie avec vous-mêmes, soit que leur dépendance inspire une sorte d'intérêt, qui attache plus que les succès mêmes qu'ils ne doivent qu'à eux, soit que tout ce qu'on attend des enfants alors, étant en espérance, on possède à la fois ce qu'il y a de plus doux dans la vérité et l'illusion, le sentiment qu'on éprouve, et celui qu'on se flatte d'obtenir. Bientôt les évènements dans leur réalité nous présentent nos enfants élevés par nous, pour d'autres que pour nous-mêmes, s'élançants vers la vie, tandis que le temps nous place en arrière d'elle, pensants à nous par le souvenir, aux autres par l'espérance ; quels parents sont alors assez sages, pour considérer les passions de la jeunesse comme les jeux de l'enfance, et pour ne pas vouloir occuper plus de place parmi les unes que parmi les autres ?

L'éducation, sans doute, influe beaucoup sur l'esprit et le caractère, mais il est plus aisé d'inspirer à son élève ses opinions que ses volontés ; le *moi* de votre enfant se compose de vos leçons, des livres que vous lui avez donnés, des personnes dont vous l'avez entouré, mais quoique vous puissiez reconnaître par tout vos traces, vos ordres n'ont plus le même empire ; vous avez formé un homme, mais ce qu'il a pris de vous est devenu lui, et sert autant que ses propres réflexions à composer son indépendance : enfin, les générations successives étant souvent appelées par la durée de la vie de l'homme à exister simultanément, les pères et les enfants, dans la réciprocité de sentiments qu'ils veulent les uns des autres, oublient presque toujours de quel différent point de vue ils considèrent le monde ; la glace, qui renverse les objets qu'elle présente, les dénature moins que l'âge qui les place dans l'avenir ou dans le passé.

Il n'est rien qui exige plus de délicatesse de la part des parents, que la méthode qu'il faut suivre pour diriger la vie de leurs enfants sans aliéner leur cœur ; car il n'est pas même possible de sacrifier leur affection à l'espoir de leur être utile, toute influence durable sur la conduite finissant avec le pouvoir du sentiment, le point juste n'est presque jamais atteint dans cette relation. La tendresse des enfants pour leurs parents se compose, pour ainsi dire, de tous les évènements de leur vie ; il n'est point d'attachement dans lequel il entre plus de causes étrangères à l'attrait du cœur, il n'en est donc point dont la jouissance soit plus incertaine. La base principale d'un tel lien, l'ascendant du devoir et de la nature, ne peut être anéanti ; mais dès qu'on aime ses enfants avec passion, on a besoin de toute autre chose que de ce qu'ils vous doivent, et l'on courre, dans son sentiment pour eux, les mêmes chances qu'amènent toutes les affections de l'ame : enfin, ce besoin de réciprocité, cette exigence, germe destructeur du seul don céleste fait à l'homme, la faculté d'aimer, cette exigence est plus funeste dans la relation des parents avec les enfants, parce qu'une idée d'autorité s'y mêle, elle est donc par la même raison plus funeste et plus naturelle ; toute l'égalité qui existe dans le sentiment de l'amour suffit à peine pour éloigner de son exigence l'idée d'un droit quelconque ; il semble que celui qui aime le plus, par ce titre seul, porte atteinte à l'indépendance de l'autre ; et combien plus cet inconvénient n'existe-t-il pas dans les rapports des parents avec les enfants ? Plus ils ont de droits, plus ils doivent éviter de s'en appuyer pour être aimés, et cependant dès qu'une affection devient passionnée, elle ne se repose plus en elle-même, il faut nécessairement qu'elle agisse sur les autres.

La tendresse conjugale, lorsqu'elle existe, donne, ou les jouissances de l'amour ou celles de l'amitié, et je crois avoir déjà analysé les unes et les autres, il y a dans ce lien cependant quelque chose de particulier, en bien et en mal, qu'il faut examiner. Il est heureux, dans la route de la vie, d'avoir inventé des circonstances qui, sans le secours même du sentiment, confondent deux égoïsmes au lieu de les opposer ; il est heureux d'avoir commencé l'association d'assez bonne heure pour que les souvenirs de la jeunesse aidassent à supporter, l'un avec l'autre, la mort qui commence à la moitié de la vie ; mais indépendamment de ce qu'il est si aisé de concevoir sur la difficulté de se convenir, la multiplicité des rapports de tout genre qui dérivent des intérêts communs, offre mille occasions de se blesser, qui ne naissent pas du sentiment, mais finissent par l'altérer. Personne ne sait à l'avance, combien peut être longue l'histoire de chaque journée, si l'on observe la variété des impressions qu'elle produit, et dans ce qu'on appelle avec raison, le *ménage*, il se rencontre à chaque instant de certaines difficultés qui peuvent détruire pour jamais ce qu'il y avait d'exalté dans le sentiment ; c'est donc de tous les liens celui où il est le moins probable d'obtenir le bonheur romanesque du cœur, il faut pour maintenir la paix dans cette relation une sorte d'empire sur soi-même, de force, de sacrifice, qui rapproche beaucoup plus cette existence des plaisirs de la vertu, que des jouissances de la passion.

Sans cesse la main de fer de la destinée repousse l'homme dans l'incomplet, il semble que le bonheur est possible par la nature même des choses, qu'avec une telle réunion de ce qui est épars dans le monde, on aurait la perfection désirée ; mais dans le travail de cet édifice, une pierre renverse l'autre, un avantage exclu celui qui doublait son prix ; le sentiment dans sa plus grande force est exigeant par sa nature, et l'exigence détruit l'affection qu'elle veut obtenir. Souvent l'homme, inconséquent dans ses vœux, s'éloigne seulement, parce qu'il est trop aimé, et se voyant l'objet de tous les dévouements et de toutes les qualités, confesse que l'excès même de l'attachement suffit pour effacer la trace de ses bienfaits. Quel conseil, quel résultat tirer de ces réflexions ? La conclusion que j'ai annoncée, c'est que les ames ardentes éprouvent par l'amitié, par les liens de la nature, plusieurs des peines attachées à la passion, et que par de-là la ligne du devoir et des jouissances qu'on peut puiser dans ses propres affections, le sentiment, de quelque nature qu'il puisse être, n'est jamais une ressource qu'on trouve en soi, il met toujours le bonheur dans la dépendance de la destinée, du caractère, et de l'attachement des autres.

4

DE LA RELIGION

J e ne peindrai point la religion dans les excès du fanatisme. Les siècles et la philosophie ont épuisé ce sujet, et ce que j'ai dit sur l'esprit de parti est applicable à cette frénésie comme à toutes celles causées par l'empire d'une opinion ; ce n'est pas non plus de ces idées religieuses, seul espoir de la fin de l'existence dont je veux parler. Le théisme des hommes éclairés, des ames sensibles, est de la véritable philosophie, et c'est en considérant toutes les ressources que l'homme peut tirer de sa raison, qu'il faut compter cette idée, trop grande en elle-même, pour n'être pas d'un poids immense encore, malgré ses incertitudes.

Mais la religion, dans l'acception générale, suppose une inébranlable foi, et lorsqu'on a reçu du ciel cette profonde conviction, elle suffit à la vie et la remplit toute entière ; c'est sous ce rapport que l'influence de la religion est véritablement puissante, et c'est sous ce même rapport qu'on doit la considérer comme un don aussi indépendant de soi, que la beauté, le génie, ou tout autre avantage qu'on tient de la nature, et qu'aucun effort ne peut obtenir.

Comment serait-il au pouvoir de la volonté de diriger notre disposition à cet égard ? aucune action sur soi-même n'est possible en matière de foi, la pensée est indivisible, l'on ne peut en détacher une partie pour travailler sur l'autre, on espère ou l'on craint, on doute ou l'on croit, selon la nature de l'esprit et des combinaisons qu'il fait naître.

Après avoir bien établi que la foi est une faculté qu'il ne dépend point de nous d'acquérir, examinons avec impartialité ce qu'elle peut pour le bonheur, et présentons d'abord ses principaux avantages.

L'imagination est la plus indomptable des puissances morales de l'homme, ses désirs et ses incertitudes le tourmentent tour-à-tour. La religion ouvre une longue carrière à l'espérance, et trace une route précise à la volonté, sous ces deux rapports elle soulage la pensée. Son avenir est le prix du présent, tout se rapportant au même but, a le même degré d'intérêt. La vie se passe au-dedans de soi, les circonstances extérieures ne sont qu'une manière d'exercer un sentiment habituel ; l'événement n'est rien, le parti qu'on a pris est tout, et ce parti, toujours commandé par une loi divine, n'a jamais pu coûter un instant d'incertitude. Dès qu'on est à l'abri du remord, on ignore ces repentirs du cœur ou de l'esprit qui s'accusent du hasard même, et jugent de la résolution par ses effets. Les succès ou les revers ne donnent à la conscience des dévots ni contentement ni regret ; la morale religieuse ne laissant aucun vague sur aucune des actions de la vie, leur décision est toujours simple. Quand le vrai chrétien s'est acquitté de ses devoirs, son bonheur ne le regarde plus ; il ne s'informe pas quel sort lui est échu, il ne sait pas ce qu'il faut désirer ou craindre, il n'est certain que de ses devoirs ; les meilleures qualités de l'ame, la générosité, la sensibilité, loin de faire cesser tous les combats intérieurs, peuvent, dans la lutte des passions, opposer l'une à l'autre, des affections d'une égale force ; mais la religion donne pour guide un code, où, dans toutes les circonstances, ce qu'on doit faire est résolu par une loi. Tout est fixe dans le présent, tout est indéfini dans l'avenir ; enfin, l'ame éprouve une sorte de bien-être jamais plus vif, mais toujours calme ; elle est environnée d'un atmosphère qui l'éclaire au moins dans les ténèbres s'il n'est pas aussi éclatant que le jour, et cet état la dérobant au malheur, sauve après tout plus des deux tiers de la vie.

S'il en est ainsi pour les destinées communes, si la religion compense les jouissances qu'elle ôte, elle est d'une utilité souveraine dans les situations désespérées. Lorsqu'un homme, après avoir commis de grands crimes, en éprouve un vrai remord, cette situation de l'ame est si violente qu'on ne peut la supporter qu'à l'aide d'idées surnaturelles. Sans doute, le plus efficace des repentirs, serait des actions vertueuses ; mais à la fin de la vie, mais même dans la jeunesse, quel coupable peut espérer de faire autant de bien qu'il a causé de mal ? Quelle somme de bonheur équivaut à l'intensité de la peine ? Qui est assez puissant pour expier du sang ou des pleurs ?

Une dévotion ardente suffit à l'imagination exaltée des criminels repentants, et dans ces solitudes profondes où les Chartreux et les Trapistes adoptaient une vie si contraire à la raison, ces coupables convertis trouvaient la seule existence qui convint à l'agitation de leur âme ; peut-être même, des hommes dont la nature véhémente les eut appelés dans le monde à commettre de grands crimes, livrés, dès leur enfance, au fanatisme religieux, ont enseveli dans les cloîtres l'imagination qui bouleverse les Empires. Ces réflexions ne suffisent pas pour encourager de semblables institutions, mais on voit que, sous toutes les formes, l'ennemi de l'homme c'est la passion, et qu'elle seule fait la grande difficulté de la destinée humaine.

Dans la classe de la société qui est livrée aux travaux matériels, l'imagination est encore la faculté dont il faut le plus craindre les effets. Je ne sais si l'on a détruit la foi religieuse du peuple en France, mais on aura bien de la peine à remplacer pour lui toutes les jouissances réelles dont cette idée lui tenait lieu ; la révolution y a suppléé, pendant quelque temps. Un de ses grands attraits pour le peuple a été d'abord l'intérêt, l'agitation même qu'elle répandait sur sa vie. La rapide succession des évènements, les émotions qu'elle faisait naître, causaient une sorte d'ivresse produite par le mouvement, qui hâtait le temps, et ne laissait plus sentir le vide, ni l'inquiétude de l'existence. On s'est trop accoutumé à penser que les hommes du peuple bornaient leur ambition à la possession des biens physiques ; on les a vu passionnément attachés à la révolution, parce qu'elle leur donnait le plaisir de connaître les affaires, d'influer sur elles, de s'occuper de leurs succès ; toutes ces passions des hommes oisifs ont été découvertes par ceux qui n'avaient connu que le besoin du travail et le prix de son salaire : mais lorsque l'établissement d'un gouvernement quelconque, fait rentrer nécessairement les trois quarts de la société dans les occupations qui chaque jour assurent la subsistance du lendemain, lorsque le bouleversement d'une révolution n'offrira plus à chaque homme la chance d'obtenir tous les biens que l'opinion et l'industrie ont entassé depuis des siècles dans un Empire de vingt cinq millions d'hommes ; quel trésor pourra-t-on ouvrir à l'espérance, qui se proportionne, comme la foi religieuse, aux désirs de tous ceux qui veulent y puiser ? Quelle idée magique, qui, tout-à-la-fois contienne, resserre les actions dans le cercle le plus circonscrit, et satisfasse la passion dans son besoin indéfini d'espoir, d'avenir et de but ?

Si ce siècle est l'époque où les raisonnements ont le plus ébranlé la possibilité d'une croyance implicite, c'est dans ce temps aussi que les plus grands exemples de la puissance de la religion ont existé ; on a sans cesse présent à sa pensée, ces victimes innocentes qui, sous un régime de sang, périssaient, entraînant après elles ce qu'elles avaient de plus cher ; jeunesse, beauté, vertus, talents, une puissance plus arbitraire que le destin, et non moins irrévocable, précipitait tout dans le tombeau. Les anciens ont bravé la mort par le dégoût de l'existence, mais nous avons vu des femmes nées timides, des jeunes gens à peine sortis de l'enfance, des époux, qui s'aimant, avaient dans cette vie ce qui peut seul la faire regretter, s'avancer vers l'éternité, sans croire être séparés par elle, ne pas reculer devant cet abyme où l'imagination frémit de tout ce qu'elle invente, et moins lassé que nous des tourments de la vie, supporter mieux l'approche de la mort.

Enfin, un homme avait vu toutes les prospérités de la terre se réunir sur sa tête, la destinée humaine semblait s'être agrandie pour lui, et avoir emprunté quelque chose des rêves de l'imagination ; roi de vingt-cinq millions d'hommes, tous leurs moyens de bonheur étaient réunis dans ses mains pour valoir à lui seul la jouissance de les dispenser de nouveau ; né dans cette éclatante situation, son ame s'était formée pour la félicité, et le hasard qui, depuis tant de siècles, avait pris en faveur de sa race un caractère d'immutabilité, n'offrait à sa pensée aucune chance de revers, n'avait pas même exercé sa réflexion sur la possibilité de la douleur ; étranger au sentiment du remord, puisque dans sa conscience il se croyait vertueux, il n'avait éprouvé que des impressions paisibles. Sa destinée, ni son caractère ne le préparant point à s'exposer aux coups du sort, il semblait que son ame devait succomber au premier trait du malheur. Cet homme cependant, qui manqua de la force nécessaire pour préserver son pouvoir, et fit douter de son courage, tant qu'il en eut besoin pour repousser ses ennemis ; cet homme, dont l'esprit naturellement incertain et timide, ne sut ni croire à ses propres idées, ni même adopter en entier celle d'un autre ; cet homme s'est montré tout-à-coup capable de la plus étonnante des résolutions, celle de souffrir et de mourir. Louis XVI s'est trouvé roi, pendant le premier orage d'une révolution sans exemple dans l'histoire. Les passions se disputaient son existence ; il représentait à lui seul toutes les idées contre lesquelles on était armé. À travers tant de dangers, il persista à ne prendre pour guide que les maximes d'une piété superstitieuse ;

mais c'est à l'époque où la religion seule triomphe encore, c'est à l'instant où le malheur est sans espoir, que la puissance de la foi se développa toute entière dans la conduite de Louis ; la force inébranlable de cette conviction ne permit plus d'apercevoir dans son ame l'ombre d'une faiblesse ; l'héroïsme de la philosophie fut contraint à se prosterner devant sa simple résignation ; il reçut passivement tous les arrêts du malheur, et se montra cependant sensible pour ce qu'il aimait, comme si les facultés de sa vie avaient doublé à l'instant de sa mort, il compta, sans frémir, tous les pas qui le menèrent du trône à l'échaffaut, et dans l'instant terrible où lui fut encore prononcé cette sublime expression : *Fils de St. Louis, montez au Ciel.* Telle était son exaltation religieuse, qu'il est permis de croire que ce dernier moment même n'appartint point dans son ame à l'épouvante de la mort.

On ne m'accusera point, je crois, d'avoir affaibli le tableau de l'influence de la religion, cependant je ne pense pas qu'indépendamment de l'inutilité des efforts qu'on pourrait faire à cet égard sur soi-même, on doive compter l'absorbation de la foi au rang des meilleurs moyens de bonheur pour les hommes. Il n'est pas de mon sujet, dans cette première partie, de considérer la religion dans ses relations politiques, c'est-à-dire, dans l'utilité dont elle doit être à la stabilité et au bonheur de l'état social, mais je l'examine sous le rapport de ses effets individuels.

D'abord, la disposition qu'il faut donner à son esprit pour admettre les dogmes de certaines religions, est souvent, en secret, pénible à celui qui, né avec une raison éclairée, s'est fait un devoir de ne s'en servir qu'à de telles conditions ; ramené, par intervales, à douter de tout ce qui est contraire à la raison, il éprouve des scrupules de ses incertitudes, ou des regrets d'avoir tellement livré sa vie à ces incertitudes mêmes, qu'il faut ou s'avouer l'inutilité de son existence passée, ou dévouer encore ce qu'il en reste. Le cœur est aussi borné que l'esprit ; par la dévotion proprement dite, ce genre d'exaltation a divers caractères.

Alors qu'il naît du malheur, alors que l'excès des peines a jeté l'ame dans une sorte d'affaiblissement qui ne lui permet plus de se relever par elle-même, la sensibilité fait admettre ce qui conduit à la destruction de la sensibilité, ou du moins ce qui interdit d'aimer de tout l'abandon de son ame. On se fait défendre ce dont on ne pouvait se garantir. La raison combat, avec désavantage, contre les affections passionnées. Quelque chose d'enthousiaste comme elle, des pensées qui, comme elle aussi, dominent l'imagination, servent de recours aux esprits qui n'ont pas eu la force de soutenir ce qu'ils avaient de passionné dans le caractère : cette dévotion se sent toujours de son origine ; on voit, comme dit Fontenelle, *que l'amour a passé par là* ; c'est encore aimer sous des formes différentes, et toutes les inventions de la faiblesse pour moins souffrir, ne peuvent ni mériter le blâme, ni servir de règle générale ; mais la dévotion exaltée qui fait partie du caractère au lieu d'en être seulement la ressource, cette dévotion, considérée comme le but auquel tous doivent tendre, et comme la base de la vie, a un tout autre effet sur les hommes.

Elle est presque toujours destructive des qualités naturelles ; ce qu'elles ont de spontané, d'involontaire, est incompatible avec des règles fixes sur tous les objets. Dans la dévotion, l'on peut être vertueux sans le secours de l'inspiration de la bonté, et même, il est plusieurs circonstances où la sévérité de certains principes vous défend de vous y livrer. Des caractères privés de qualités naturelles, à l'abri de ce qu'on appelle la dévotion, se sentent plus à l'aise pour exercer des défauts qui ne blessent aucune des lois dont ils ont adopté le code. Par de-là ce qui est commandé, tout ce qu'on refuse, est légitime ; la justice dégage de la bienfaisance, la bienfaisance de la générosité, et contents de solder ce qu'ils croient leurs devoirs, s'il arrive une fois dans la vie où telle vertu clairement ordonnée exige un véritable sacrifice ; il est des biens, des services, des condescendances de tous les instants, qu'on n'obtient jamais de ceux qui ayant tout réduit en devoir, n'ont pu dessiner que les masses, ne savent obéir qu'à ce qui s'exprime. Les qualités naturelles, développées par les principes, par les sentiments de la moralité, sont de beaucoup supérieures aux vertus de la dévotion ; celui qui n'a jamais besoin de consulter ses devoirs, parce qu'il peut se fier à tous ses mouvements, celui qu'on pourrait trouver, pour ainsi dire, une créature moins rationnelle, tant il paraît agir involontairement et comme forcé par sa nature ; celui qui exerce toutes les vertus véritables, sans se les être nommées à l'avance, et se prise d'autant moins, que ne faisant jamais d'effort, il n'a pas l'idée d'un triomphe, celui-là est l'homme vraiment vertueux. Suivant une expression de Dryden, différemment appliquée, la dévotion élève un mortel jusqu'aux cieux, la moralité naturelle fait descendre un ange sur la terre :

He raised a mortal to the skies
She drew an angel down.

On peut encore penser, en reconnaissant l'avantage des caractères inspirés par leurs propres penchants, que la dévotion étant d'un effet général et positif, donne des résultats plus semblables et plus certains dans l'association universelle des hommes ; mais d'abord, la dévotion a de grands inconvénients pour les caractères passionnés, et n'en eut-elle point, ce serait, comme je l'ai dit, au nombre des évènements heureux, et non des conseils efficaces qu'il serait possible de la classer.

J'ai besoin de répéter que je ne comprends pas dans cette discussion, ces idées religieuses d'un ordre plus relevé qui, sans influer sur chaque détail de la vie, annoblissent son but, donnent au sentiment et à la pensée quelques points de repos dans l'abyme de l'infini. Il s'agit uniquement de ces dogmes dominateurs qui assurent à la religion beaucoup plus d'action sur l'existence, en réalisant ce qui restait dans le vague, en asservissant l'imagination par l'incompréhensible.

Les esprits ardents n'ont que trop de penchant à croire que le jugement est inutile, et rien ne leur convient mieux que cette espèce de suicide de la raison abdiquant son pouvoir par son dernier acte, et se déclarant inhabile à penser, comme s'il existait en elle quelque chose de supérieur à elle, qui put décider qu'une autre faculté de l'homme le servira mieux. Les esprits ardents sont nécessairement lassés de ce qui est, et lorsqu'une fois ils admettent quelque chose de surnaturel, il n'y a plus de bornes à cette création que les besoins de l'imagination et, s'exaltant elle-même, elle n'a de repos que dans l'extrême, et ne supporte plus de modifications.

Enfin, les affections du cœur qui sont inséparables du vrai, sont nécessairement dénaturées par les erreurs, de quelque genre qu'elles soient ; l'esprit ne se fausse pas seul, et quoiqu'il reste de bons mouvements qu'il ne peut pas détruire, ce qui dans le sentiment appartient à la réflexion est absolument égaré par toutes les exagérations, et plus particulièrement encore par celle de la dévotion ; elle isole en soi-même, et soumet jusqu'à la bonté à de certains principes qui en restreignent beaucoup l'application.

Que serait-ce, si, quittant les idées nuancées, je parlais des exemples qu'il reste encore, d'intolérance superstitieuse, de piétisme, d'illumination, etc. de tous ces malheureux effets du vide de l'existence, de la lutte de l'homme contre le temps, de l'insuffisance de la vie ; les moralistes doivent seulement signaler la route qui conduit au dernier terme de l'erreur : tout le monde est frappé des inconvénients de l'excès, et personne ne pouvant se persuader qu'on en deviendra capable, l'on se regarde toujours comme étranger aux tableaux qu'on en pourrait lire.

J'ai donc dû, de toutes les manières, ne pas admettre la religion parmi les ressources qu'on trouve en soi, puisqu'elle est absolument indépendante de notre volonté, puisqu'elle nous soumet et à notre propre imagination, et à celle de tous ceux dont la sainte autorité est reconnue. En étant conséquente au système sur lequel cet ouvrage est fondé, au système qui considère la liberté absolue de l'être moral comme son premier bien, j'ai dû préférer et indiquer comme le meilleur et le plus sûr des préservatifs contre le malheur, les divers moyens dont on va voir le développement.

SECTION III : DES RESSOURCES QU'ON TROUVE EN SOI

1

QUE PERSONNE À L'AVANCE NE
REDOUTE ASSEZ LE MALHEUR

L'égoïsme est ce qui ressemble le moins aux ressources qu'on trouve en soi, telles que je les conçois ; l'égoïsme est un caractère qu'on ne peut ni conseiller, ni détruire ; c'est une affection dont l'objet n'étant jamais ni absent, ni infidèle, peut, sous ce rapport, valoir quelques jouissances, mais cause de vives inquiétudes, absorbe, comme la passion pour un autre, sans faire éprouver l'espèce de jouissance toujours attachée au dévouement de soi : d'ailleurs, la personnalité, soit qu'on la considère comme un bien ou comme un mal, est une disposition de l'ame absolument indépendante de sa volonté. On n'y arrive point par effort, on y est au contraire entraîné. La sagesse s'acquiert, parce qu'elle est toute composée de sacrifices ; mais se donner un goût, mais inspirer un penchant, sont des mots contradictoires. Enfin, les caractères passionnés ne sont jamais susceptibles de ce qu'on appelle l'égoïsme, c'est bien à leur propre bonheur qu'ils tendent avec impétuosité ; mais ils le cherchent au-dehors d'eux, mais ils s'exposent pour l'obtenir, mais ils n'ont jamais cette personnalité prudente et sensuelle qui tranquillise l'ame, au lieu de l'agiter. Et comme cet ouvrage n'est consacré qu'à l'étude des caractères passionnés, tout ce qui n'entre pas dans ce sujet en doit être écarté.

Il s'agit des ressources qu'on peut trouver en soi après les orages des grandes passions ; des ressources qu'on doit se hâter d'adopter, si l'on s'est convaincu de bonne heure de tout ce que j'ai tâché de développer dans l'analyse des affections de l'ame. Sans doute, si le désespoir décidait toujours à se donner la mort, le cours de l'existence ainsi fixé, pourrait se combiner avec plus de hardiesse, l'homme pourrait se risquer, sans crainte, à la poursuite de ce qu'il croit le bonheur parfait ; mais qui peut braver le malheur, ne l'a jamais éprouvé !

Ce mot terrible, le malheur, s'entend dans les premiers jours de la jeunesse, sans que la pensée le comprenne. Les tragédies, les ouvrages d'imagination, vous représentent l'adversité comme un tableau où le courage et la beauté se déploient ; la mort, ou un dénouement heureux terminent, en peu d'instants, l'anxiété qu'on éprouve. Au sortir de l'enfance, l'image de la douleur est inséparable d'une sorte d'attendrissement qui mêle du charme à toute les impressions qu'on reçoit ; mais il suffit souvent d'avoir atteint vingt-cinq années pour être arrivé à l'époque d'infortune marquée dans la carrière de toutes les passions.

Alors le malheur est long comme la vie, il se compose de vos fautes et du sort, il vous humilie et vous déchire. Les indifférents, les connaissances intimes mêmes, vous représentent, par leurs manières avec vous, le tableau raccourci de vos infortunes : à chaque instant, les mots, les expressions les plus simples, vous apprennent de nouveau ce que vous savez déjà, mais ce qui frappe à chaque fois comme inattendu ; si vous faites des projets, ils retombent toujours sur la peine dominante ; elle est partout, il semble qu'elle rende impraticable les résolutions mêmes qui doivent y avoir le moins de rapport ; c'est contre cette peine alors qu'on dirige ses efforts, on adopte des plans insensés pour la surmonter, et l'impossibilité de chacun d'eux, démontrée par la réflexion, est un nouveau revers au-dedans de soi. On se sent saisi par une seule idée, comme sous la griffe d'un monstre tout puissant, on contraint sa pensée, sans pouvoir la distraire ; il y a un travail dans l'action de vivre qui ne laisse pas un moment de repos ; le soir est la seule attente de tout le jour, le réveil est un coup douloureux qui vous représente chaque matin votre malheur avec l'effet de la surprise. Les consolations de l'amitié agissent à la surface, mais la personne qui vous aime le plus, n'a pas, sur ce qui vous intéresse, la millième partie des pensées qui vous agitent ; de ces pensées qui n'ont point assez de réalité pour être exprimées, et dont l'action est assez vive cependant pour vous dévorer, excepté dans l'amour, où en parlant de vous, celui qui vous aime s'occupe de lui ; je ne sais comment on peut se résoudre à entretenir un autre de sa peine autant qu'on y pense ; et quel bien, d'ailleurs, en pourrait-on retirer ? La douleur est fixe, et rien ne peut la déplacer qu'un événement, ou le courage ; alors que le malheur se prolonge, il a quelque chose d'aride, de décourageant, qui lasse de soi-même, autant qu'il importune les autres ; on se sent poursuivi par le sentiment de l'existence, comme par un dard empoisonné ; on voudrait respirer un jour, une heure, pour reprendre des forces, pour recommencer la lutte au-dedans de soi, et c'est sous le poids qu'il faut se relever, c'est accablé qu'il faut combattre, on ne découvre pas un point sur lequel on puisse s'appuyer pour vaincre le reste. L'imagination a tout envahi, la douleur est au terme de toutes les réflexions, et il en arrive subitement de nouvelles qui découvrent de nouvelles douleurs. L'horison recule devant soi à mesure que l'on avance ; on essaye de penser pour vaincre les sensations, et les pensées les multiplient ; enfin, l'on se persuade bientôt que ses facultés sont baissées, la dégradation de soi flétrit l'ame, sans rien ôter à l'énergie de la douleur ; il n'est point de situation dans laquelle on puisse se reposer, on veut fuir ce qu'on éprouve, et cet effort agite encore plus ; celui qui peut être mélancolique, qui peut se résigner à la peine, qui peut s'intéresser encore à lui-même, n'est pas malheureux. Il faut être dégoûté de soi, et se sentir lié à son être, comme si l'on était deux, fatigué l'un de l'autre ; il faut être devenu incapable de toutes les jouissances, de toutes les distractions, pour ne sentir qu'une douleur ; il faut, enfin, que quelque chose de sombre, desséchant l'émotion, ne laisse dans l'ame qu'une seule impression inquiète et brûlante. La souffrance est alors le centre de toutes les pensées, elle devient le principe unique de la vie, on ne se reconnaît que par sa douleur.

Si les paroles pouvaient transmettre ces sensations tellement inhérentes à l'ame, qu'en les exprimant, on leur ôte toujours quelque chose de leur intensité ; si l'on pouvait concevoir. d'avance ce que c'est que le malheur, je ne crois pas que personne put rejeter avec dédain, le système qui a pour but seulement d'éviter de souffrir. Des hommes froids, qui veulent se donner l'apparence de la passion, parlent du charme de la douleur, des plaisirs qu'on peut trouver dans la peine, et le seul joli mot de cette langue, aussi fausse que recherchée, c'est celui de cette femme qui, regrettant sa jeunesse, disait : *c'était le bon temps, j'étais bien malheureuse.* Mais jamais cette expression même n'eût été prononcée par un cœur passionné. Ce sont les caractères sans véritable chaleur, qui parlent sans cesse des avantages des passions, du besoin de les éprouver ; les ames ardentes les craignent ; les ames ardentes accueilleront tous les moyens de se préserver de la douleur, c'est à ceux qui savent la craindre que ces dernières réflexions sont dédiées ; c'est surtout à ceux qui souffrent, qu'elles peuvent apporter quelque consolation.

2

DE LA PHILOSOPHIE

L a philosophie, dont je crois utile et possible aux ames passionnées d'adopter les secours, est de la nature la plus relevée. Il faut se placer au-dessus de soi pour se dominer, au-dessus des autres pour n'en rien attendre. Il faut que, lassé de vains efforts pour obtenir le bonheur, on se résolve à l'abandon de cette dernière illusion, qui, en s'évanouissant, entraîne toutes les autres après elle. Il faut qu'on ait appris à concevoir la vie passivement, à supporter que son cours soit uniforme, à suppléer à tout par la pensée, à voir en elle les seuls évènements qui ne dépendent ni du sort, ni des hommes. Lorsqu'on s'est dit qu'il est impossible d'obtenir le bonheur, on est plus près d'atteindre à quelque chose qui lui ressemble, comme les hommes dérangés dans leur fortune ne se retrouvent à l'aise, que lorsqu'ils se sont avoués qu'ils étaient ruinés. Quand on a fait le sacrifice de ses espérances, tout ce qui revient à compte d'elles, est un bien imprévu, dont aucun genre de crainte n'a précédé la possession. Il est une multitude de jouissances partielles qui ne dérivent point d'une même source, mais offrent des plaisirs épars à l'homme, dont l'ame paisible est disposée à les goûter ; une grande passion, au contraire, les absorbe tous, ne permet pas seulement de savoir qu'ils existent.

Il n'y a plus de fleurs dans ce parterre qu'*elle* a parcouru ; son amant n'y peut voir que la trace de ses pas. L'ambitieux, en apercevant ces hameaux, entourés de tous les dons de la nature, demande si le gouverneur de ce canton a beaucoup de crédit, ou si les paysans qui l'habitent peuvent élire un député. Aux yeux de l'homme passionné, les objets extérieurs ne représentent qu'une idée, parce qu'ils ne sont jugés que par un seul sentiment. Le philosophe, par un grand acte de courage, ayant délivré ses pensées du joug de la passion, ne les dirige plus toutes vers un objet unique, et jouit des douces impressions que chacune de ses idées peut lui valoir tour-à-tour et séparément.

Ce qui conduirait sur-tout à penser que la vie est un voyage, c'est que rien n'y semble ordonné comme un séjour. Voulez-vous attacher votre existence à l'empire absolu d'une idée ou d'un sentiment ? Tout est obstacle, tout est malheur à chaque pas. Voulez-vous laisser aller la vie au gré du vent qui lui fait doucement parcourir des situations diverses ? Voulez-vous du plaisir pour chaque jour sans le faire concourir à l'ensemble du bonheur de toute la destinée ? Vous le pouvez facilement ; et lorsqu'aucun des évènements de la vie n'est précédé, ni suivi par de brûlants désirs, ni d'amers regrets, l'on trouve une part suffisante de félicité, dans ces jouissances isolées que le hasard dispense sans but.

S'il n'était dans l'existence de l'homme qu'une seule époque, la jeunesse, peut-être, pourrait-on la vouer aux grandes chances des passions ; mais à l'instant où la vieillesse commande une nouvelle manière d'exister, le philosophe seul sait supporter cette transition sans douleur. Si nos facultés, si nos désirs, qui naissent de nos facultés, étaient toujours d'accord avec notre destinée, à tous les âges, on pourrait goûter quelque bonheur ; mais un coup simultané ne porte pas également atteinte à nos facultés et à nos désirs. Le temps dégrade souvent notre destinée avant d'avoir affaibli nos facultés, affaiblit nos facultés avant d'avoir amorti nos désirs. L'activité de l'ame survit aux moyens de l'exercer ; les désirs, à la perte des biens dont ils inspirent le besoin. La douleur de la destruction se fait sentir avec toute la force de l'existence ; c'est assister soi-même à ses funérailles ; et, violemment attaché à ce triste et long spectacle, renouveler le supplice de Mézance, lier ensemble la mort et la vie.

Quand la philosophie s'empare de l'ame, elle commence, sans doute, par lui faire mettre beaucoup moins de prix à ce qu'elle possède et à ce qu'elle espère. Les passions rehaussent beaucoup plus toutes les valeurs, mais quand ce tarif de modération est fixé, il subsiste pour tous les âges ; chaque moment se suffit à lui-même, une époque n'anticipe point sur l'autre, jamais les orages des passions ne les confondent, ni ne les précipitent. Les années, avec tout ce qu'elles amènent avec elles, se succèdent tranquillement suivant l'intention de la nature, et l'homme participe au calme de l'ordre universel.

Je l'ai dit, celui qui veut mettre le suicide au nombre de ses résolutions, peut entrer dans la carrière des passions ; il peut y abandonner sa vie, s'il se sent capable de la terminer, alors que la foudre aura renversé l'objet de tous ses efforts et de tous ses vœux ; mais comme je ne sais quel instinct, qui appartient plus, je crois, à la nature physique qu'au sentiment moral, force souvent à conserver des jours dont tous les instants sont une nouvelle douleur, peut-on courir les hasards, presque certains, d'un malheur qui fera détester l'existence, et d'une disposition de l'ame qui inspirera la crainte de l'anéantir ? Non que dans cette situation, la vie ait encore quelques charmes, mais parce qu'il faut rassembler dans un même moment tous les motifs de sa douleur pour lutter contre l'indivisible pensée de la mort ; parce que le malheur se répand sur l'étendue des jours, tandis que la terreur qu'inspire le suicide, se concentre en entier dans un instant, et que pour se tuer, il faudrait embrasser le tableau de ses infortunes comme le spectacle de sa fin, à l'aide de l'intensité d'un seul sentiment et d'une seule idée.

Rien cependant n'inspire autant d'horreur que la possibilité d'exister uniquement, parce qu'on ne sait pas mourir ; et comme c'est le sort qui peut attendre toutes les grandes passions, un tel objet d'effroi suffit pour faire aimer cette puissance de philosophie, qui soutient toujours l'homme au niveau de la vie, sans l'y trop attacher, mais sans la lui faire haïr.

La philosophie n'est pas de l'insensibilité, quoiqu'elle diminue l'atteinte des vives douleurs il faut une grande force d'ame et d'esprit pour arriver à cette philosophie dont je vante ici les secours ; et l'insensibilité est l'habitude du caractère, et non le résultat d'un triomphe. La philosophie se sent de son origine. Comme elle naît toujours de la profondeur de la réflexion, et qu'elle est souvent inspirée par le besoin de résister à ses passions, elle suppose des qualités supérieures, et donne une jouissance de ses propres facultés tout-à-fait inconnue à l'homme insensible ; le monde lui convient mieux qu'au philosophe ; il ne craint pas que l'agitation de la société trouble la paix dont il goûte la douceur. Le philosophe, qui doit cette paix au travail de sa pensée, aime à jouir de lui-même dans la retraite. La satisfaction que donne la possession de soi, acquise par

la méditation, ne ressemble point aux plaisirs de l'homme personnel ; il a besoin des autres, il exige d'eux, il souffre impatiemment
tout ce qui le blesse, il est dominé par son égoïsme ; et si ce sentiment pouvait avoir de l'énergie, il aurait tous les caractères d'une
grande passion ; mais le bonheur que trouve un philosophe dans la
possession de soi, est de tous les sentiments, au contraire, celui qui
rend le plus indépendant.

Par une sorte d'abstraction, dont la jouissance est cependant
réelle, on s'élève à quelque distance de soi-même pour se regarder
penser et vivre ; et comme on ne veut dominer aucun événement, on
les considère tous comme des modifications de notre être qui
exercent ses facultés et hâtent de diverses manières l'action de sa
perfectibilité. Ce n'est plus vis-à-vis du sort, mais de sa conscience
qu'on se place, et, renonçant à toute influence sur le destin et sur les
hommes, on se complait d'autant plus dans l'action du pouvoir
qu'on s'est réservé, dans l'empire de soi-même, et l'on fait chaque
jour avec bonheur quelque changement ou quelque découverte, dans
la seule propriété sur laquelle on se croit des droits et de l'influence.

Il faut de la solitude à ce genre d'occupation ; et s'il est vrai que la
solitude est un moyen de jouissance pour le philosophe, c'est lui qui
est l'homme heureux. Non-seulement vivre seul est le meilleur de
tous les états, parce que c'est le plus indépendant, mais encore la
satisfaction qu'on y trouve est la pierre de touche du bonheur ; sa
source est si intime, qu'alors qu'on le possède réellement, la
réflexion rapproche toujours plus de la certitude de l'éprouver.

La solitude est, pour les ames agitées par de grandes passions,
une situation très-dangereuse. Ce repos auquel la nature nous
appelle, qui semble la destination immédiate de l'homme ; ce repos
dont la jouissance paraît devoir précéder le besoin même de la
société, et devenir plus nécessaire encore après qu'on a long-temps
vécu au milieu d'elle ; ce repos est un tourment pour l'homme
dominé par une grande passion. En effet, le calme n'existant qu'autour de lui, contraste avec son agitation intérieure, et en accroît la
douleur. C'est par de la distraction qu'il faut d'abord essayer d'affaiblir une grande passion ; il ne faut pas commencer la lutte par un
combat corps à corps, et avant de se hasarder à vivre seul, il faut
avoir déjà agi sur soi-même. Les caractères passionnés, loin de
redouter la solitude, la désirent ; mais cela même est une preuve
qu'elle nourrit leur passion, loin de la détruire. L'ame, troublée par
les sentiments qui l'oppressent, se persuade qu'elle soulagera sa

peine en s'en occupant davantage ; les premiers instants où le cœur s'abandonne à la rêverie, sont pleins de charmes, mais bientôt cette jouissance consume. L'imagination qui est restée la même, quoiqu'on ait éloigné d'elle ce qui semblait l'enflammer, pousse à l'extrême toutes les chances de l'inquiétude ; dans son isolement elle s'entoure de chimères ; l'imagination dans le silence et la retraite, n'étant frappée par rien de réel, donne une même importance à tout ce qu'elle invente. Elle veut se sauver du présent, et elle se livre à l'avenir, bien plus propre à l'agiter, bien plus conforme à sa nature. L'idée qui la domine, laissée stationnaire par les évènements, se diversifie de mille manières par le travail de la pensée, la tête s'enflamme et la raison devient moins puissante que jamais. La solitude finit par effrayer l'homme malheureux, il croit à l'éternité de la douleur qu'il éprouve. La paix qui l'environne semble insulter au tumulte de son ame ; l'uniformité des jours ne lui présente aucun changement même dans la peine ; la violence d'un tel malheur au sein de la retraite, est une nouvelle preuve de la funeste influence des passions ; elles éloignent de tout ce qui est simple et facile, et quoiqu'elles prennent leur source dans la nature de l'homme, elles s'opposent sans cesse à sa véritable destination.

La solitude, au contraire, est le premier des biens pour le philosophe. C'est au milieu du monde que souvent ses réflexions, ses résolutions l'abandonnent, que les idées générales les plus arrêtées, cèdent aux impressions particulières. C'est là que le gouvernement de soi exige une main plus assurée ; mais dans la retraite, le philosophe n'a de rapports qu'avec le séjour champêtre qui l'environne, et son ame est parfaitement d'accord avec les douces sensations que ce séjour inspire, elle s'en aide pour penser et vivre. Comme il est rare d'arriver à la philosophie sans avoir fait quelques efforts pour obtenir des biens plus semblables aux chimères de la jeunesse, l'ame qui pour jamais y renonce, compose son bonheur d'une sorte de mélancolie qui a plus de charme qu'on ne pense, et vers laquelle tout semble nous ramener. Les aspects, les incidents de la campagne sont tellement analogues à cette disposition morale, qu'on serait tenté de croire que la Providence a voulu qu'elle devint celle de tous les hommes, et que tout concourut à la leur inspirer, lorsqu'ils atteignent l'époque où l'ame se lasse de travailler à son propre sort, se fatigue même de l'espérance, et n'ambitionne plus que l'absence de la peine. Toute la nature semble se prêter aux sentiments qu'ils éprouvent alors. Le bruit du vent, l'éclat des orages, le soir de l'été, les frimats de l'hiver ; ces mouvements, ces tableaux opposés produisent des impressions pareilles, et font naître dans l'ame cette douce mélancolie, vrai sentiment de l'homme, résultat de sa destinée, seule situation du cœur qui laisse à la méditation toute son action et toute sa force.

3

DE L'ÉTUDE

L orsque l'ame est dégagée de l'empire des passions, elle permet à l'homme une grande jouissance ; c'est l'étude, c'est l'exercice de la pensée, de cette faculté inexplicable dont l'examen suffirait à sa propre occupation, si au lieu de se développer successivement, elle nous était accordée tout-à-coup dans sa plénitude.

Lorsque l'espoir de faire une découverte qui peut illustrer, ou de publier un ouvrage qui doit mériter l'approbation générale, est l'objet de nos efforts, c'est dans le traité des passions qu'il faut placer l'histoire de l'influence d'un tel penchant sur le bonheur ; mais il y a dans le simple plaisir de penser, d'enrichir ses méditations par la connaissance des idées des autres, une sorte de satisfaction intime qui tient à la fois au besoin d'agir et de se perfectionner ; sentiments naturels à l'homme et qui ne l'astreignent à aucune dépendance.

Les travaux physiques apportent à une certaine classe de la société, par des moyens absolument contraires, des avantages à-peu-près pareils dans leurs rapports avec le bonheur. Ces travaux suspendent l'action de l'ame, dérobent le temps, ils font vivre sans souffrir ; l'existence est un bien dont on ne cesse pas de jouir ; mais l'instant qui succède au travail, rend plus doux le sentiment de la vie, et dans la succession de la fatigue et du repos, la peine morale trouve peu de place. L'homme, dont il faut occuper les facultés de l'esprit, obtient de même par leur exercice le moyen d'échapper aux tourments du cœur. Les occupations mécaniques calment la pensée en l'étouffant, l'étude, en dirigeant l'esprit vers des objets intellectuels, distrait de même des idées qui dévorent. Le travail, de quelque nature qu'il soit, affranchit l'ame des passions dont les chimères se placent au milieu des loisirs de la vie.

La philosophie ne fait du bien que par ce qu'elle nous ôte ; l'étude rend une partie des plaisirs que l'on cherche dans les passions. C'est une action continuelle, et l'homme ne saurait renoncer à l'action ; sa nature lui commande l'exercice des facultés qu'il tient d'elle. On peut proposer au génie, de se plaire dans ses propres progrès, au cœur, de se contenter du bien qu'il peut faire aux autres ; mais aucun genre de réflexion ne peut donner du bonheur dans le néant d'une éternelle oisiveté.

L'amour de l'étude, loin de priver la vie de l'intérêt dont elle a besoin, a tous les caractères de la passion, excepté celui qui cause tous ses malheurs, la dépendance du sort et des hommes. L'étude offre un but qui cède toujours en proportion des efforts, vers lequel les progrès sont certains, dont la route présente de la variété sans crainte de vicissitudes, dont les succès ne peuvent être suivis de revers. Elle vous fait parcourir une suite d'objets nouveaux, elle vous fait éprouver une sorte d'évènements qui suffisent à la pensée, l'occupent et l'animent sans aucun secours étranger. Ces jours si semblables pour le malheur, si uniformes pour l'ennui, offrent à l'homme, dont l'étude remplit le temps, beaucoup d'époques variées. Une fois il a saisi la solution d'un problème qui l'occupait depuis long-temps, une autrefois une beauté nouvelle l'a frappé dans un ouvrage inconnu ; enfin, ses jours sont marqués entr'eux par les différents plaisirs qu'il a conquis par sa pensée : et ce qui distingue sur-tout cette espèce de jouissance, c'est que l'avoir éprouvée la veille, vaut la certitude de la retrouver le lendemain. Ce qui importe, c'est de donner à son esprit cette impulsion, de se commander les premiers pas, ils entraînent à tous les autres. L'instruction fait naître la curiosité. L'esprit répugne de lui-même à ce qui est incomplet, il aime l'ensemble, il tend au but, et de même qu'il s'élance vers l'avenir, il aspire à connaître un nouvel enchaînement de pensées qui s'offre en avant de ses efforts et de son espérance.

Soit qu'on lise, soit qu'on écrive, l'esprit fait un travail qui lui donne à chaque instant le sentiment de sa justesse ou de son étendue, et sans qu'aucune réflexion d'amour-propre, se mêle à cette jouissance, elle est réelle, comme le plaisir que trouve l'homme robuste dans l'exercice du corps proportionné à ses forces. Quand

Rousseau a peint les premières impressions de la statue de Pigmalion, avant de lui faire goûter le bonheur d'aimer, il lui a fait trouver une vraie jouissance dans la sensation du *moi*. C'est sur-tout en combinant, en développant des idées abstraites, en portant son esprit chaque jour au-delà du terme de la veille, que la conscience de son existence morale devient un sentiment heureux et vif ; et quand une sorte de lassitude succéderait à cette exertion de soi-même, ce serait aux plaisirs simples, au sommeil de la pensée, au repos enfin, mais non aux peines du cœur, que la fatigue du travail nous livrerait.

L'ame trouve de vastes consolations dans l'étude et la méditation des sciences et des idées. Il semble que notre propre destinée se perde au milieu du monde qui se découvre à nos yeux ; que des réflexions, qui tendent à tout généraliser, nous portent à nous considérer nous-mêmes comme l'une des millièmes combinaisons de l'univers, et qu'estimant plus en nous la faculté de penser que celle de souffrir, nous donnons à l'une le droit de classer l'autre. Sans doute, l'impression de la douleur est absolue pour celui qui l'éprouve, et chacun la ressent d'après soi seul. Cependant il est certain que l'étude de l'histoire, la connaissance de tous les malheurs qui ont été éprouvés avant nous, livre l'ame à des contemplations philosophiques, dont la mélancolie est plus facile à supporter que le tourment de ses propres peines. Le joug d'une loi commune à tous, ne fait point naître ces mouvements de rage qu'un sort sans exemple exciterait ; en réfléchissant sur les générations qui se sont succédées au milieu des douleurs, en observant ces mondes innombrables, où des milliers d'êtres, partagent simultanément avec nous le bienfait ou le malheur de l'existence, l'intensité même du sentiment individuel s'affaiblit, et l'abstraction enlève à soi-même.

Quelque soient les opinions que l'on professe, personne ne peut nier qu'il est doux de croire à l'immortalité de l'ame ; et lorsqu'on s'abandonne à la pensée, qu'on parcourt avec elle les conceptions les plus métaphysiques, elle embrasse l'univers, et transporte la vie bien loin au-delà de l'espace matériel que nous occupons. Les merveilles de l'infini paraissent plus vraisemblables. Tout, hors la pensée, parle de destruction ; l'existence, le bonheur, les passions sont soumises aux trois grandes époques de la nature, *naître, croître et mourir* ; mais la pensée, au contraire, avance par une sorte de progression dont on ne voit pas le terme ; et, pour elle, l'éternité semble avoir déjà commencé. Plusieurs écrivains se sont servis des raisonnements les plus intellectuels pour prouver le matérialisme ; mais l'instinct moral est contre cet effort, et celui qui attaque avec toutes les ressources de la pensée la spiritualité de l'ame, rencontre toujours quelques instants où ses succès même le font douter de ce qu'il affirme. L'homme donc qui se livre, sans projet, à ses impressions, reçoit par l'exercice des facultés intellectuelles un plus vif espoir de l'immortalité de l'ame.

L'attention qu'exige l'étude, en détournant de songer aux intérêts personnels, dispose à les mieux juger. En effet, une vérité abstraite s'éclaircit toujours davantage en y réfléchissant ; mais une affaire, un événement qui nous affecte, s'exagère, se dénature lorsqu'on s'en occupe perpétuellement. Comme le jugement qu'on doit porter sur de telles circonstances dépend d'un petit nombre d'idées simples et promptement aperçues, le temps qu'on y donne par de-là, est tout entier rempli par les illusions de l'imagination et du cœur. Ces illusions, devenant bientôt inséparables de l'objet même, absorbent l'ame par l'immense carrière qu'elles offrent aux craintes et aux regrets. La sage modération des philosophes studieux dépend, peut-être, du peu de temps qu'ils consacrent à rêver aux évènements de leur vie, autant que du courage qu'ils mettent à les supporter. Cet effet naturel de la distraction que donne l'étude, est le plus efficace secours qu'elle puisse apporter à la douleur ; car aucun homme ne saurait vivre à l'aide d'une continuelle suite d'efforts. Il faut une grande puissance de caractère pour se déterminer aux premiers essais, mais les succès qu'ils assurent deviennent une sorte d'habitude, qui amortit lentement les peines de l'ame.

Si les passions renaissaient sans cesse de leur cendre, il faudrait y succomber ; car on ne peut pas livrer beaucoup de ces combats qui coûtent tant au vainqueur : mais bientôt on s'accoutume à trouver de vraies jouissances ailleurs que dans les passions qu'on a surmontées, et l'on est heureux et par les occupations de l'esprit, et par l'indépendance parfaite qu'on leur doit. Trouver dans soi seul une noble destinée, être heureux, non par la personnalité, mais par l'exercice de ses facultés, est un état qui flatte l'ame en la calmant.

Plusieurs traits de la vie des anciens philosophes, d'Archimède, de Socrate, de Platon, ont dû même faire croire que l'étude était une passion ; mais si l'on peut s'y tromper par la vivacité de ses plaisirs, la nature de ses peines ne permet pas de s'y méprendre. Le plus grand chagrin qu'on puisse éprouver c'est l'obstacle de quelques difficultés qui ajoutent au plaisir du succès. Le pur amour de l'étude ne met jamais en relation avec la volonté des hommes, quel genre de douleur pourrait-il donc faire éprouver ?

Dans cette sorte de goût, il n'y a de naturel que ses plaisirs. L'espérance et la curiosité, seuls mobiles nécessaires à l'homme, sont suffisamment excités par l'étude dans le silence des passions. L'esprit est plus agité que l'ame ; c'est lui qu'il faut nourrir, c'est lui qu'on peut animer sans danger, le mouvement dont il a besoin se trouve tout entier dans les occupations de l'étude, et à quelque degré qu'on porte l'action de cet intérêt, ce sont des jouissances qu'on augmente, mais jamais des regrets qu'on se prépare. Quelques anciens, exaltés sur les jouissances de l'étude, se sont persuadés que le paradis consistait seulement dans le plaisir de connaître les merveilles du monde ; celui qui s'instruit chaque jour, qui s'empare du moins de ce que la Providence a abandonné à l'esprit humain, semble anticiper sur ces éternelles délices et déjà spiritualiser son être.

Toutes les époques de la vie sont également propres à ce genre de bonheur ; d'abord, parce qu'il est assez démontré par l'expérience, que quand on exerce constamment son esprit, on peut espérer d'en prolonger la force ; et parce que, dut-on ne pas y parvenir, les facultés intellectuelles baissent en même-temps que le goût qui sert à les mesurer, et ne laissent à l'homme aucun juge intérieur de son propre affaiblissement. Dans la carrière de l'étude tout préserve donc de souffrir, mais il faut avoir agi long-temps sur son ame avant qu'elle cesse de troubler le libre exercice de la pensée.

L'homme passionné qui, sans efforts préalables, imaginerait de se livrer à l'étude, n'y trouverait aucune des ressources que je viens de présenter. Combien l'instruction lui paraîtrait froide et lente auprès de ces rêveries du cœur, qui, plongeant dans l'absorbation d'une pensée dominante, font de longues heures un même instant ! La folie des passions, ce n'est pas l'égarement de toutes les idées, mais la fixation sur une seule. Il n'est rien qui puisse distraire l'homme soumis à l'empire d'une idée unique. Ou il ne voit rien, ou ce qu'il voit la lui rappelle. Il parle, il écrit sur des sujets divers, mais pendant ce temps son ame continue d'être la proie d'une même douleur. Il accomplit les actions ordinaires de la vie comme dans un état de somnambulisme ; tout ce qui pense, tout ce qui souffre en lui, appartient à un sentiment intérieur, dont la peine n'est pas un moment suspendue. Bientôt il est saisi d'un insurmontable dégoût pour les pensées étrangères à celle qui l'occupe ; elles ne s'enchaînent point dans sa tête, elles ne laissent point de trace dans sa mémoire. L'homme passionné et l'homme stupide éprouvent par l'étude le même degré d'ennui, l'intérêt leur manque à tous les deux ; car, par des causes différentes, les idées des autres ne trouvent en eux aucune idée correspondante : l'ame fatiguée s'abandonne enfin à l'impulsion qui l'entraîne et consacre sa solitude à la pensée qui la poursuit ; mais elle ne tarde pas à se repentir de sa faiblesse ; la méditation de l'homme passionné enfante des monstres, comme celle du savant crée des prodiges. Le malheureux alors revient à l'étude pour échapper à la douleur, il arrache un quart d'heure d'attention à travers de longs efforts, il se commande telle occupation pendant un temps limité, et consacre ce temps à l'impatience de le voir finir ; il se captive non pour vivre, mais pour ne pas mourir, et ne trouve dans l'existence que l'effort qu'il fait pour la supporter.

Ce tableau ne prouve point l'inutilité des ressources de l'étude ; mais il est impossible à l'homme passionné d'en jouir, s'il ne se prépare point par de longues réflexions à retrouver son indépendance ; il ne peut, alors qu'il est encore esclave, goûter des plaisirs dont la liberté de l'ame donne seule la puissance d'approcher.

Je relis sans cesse quelques pages d'un livre intitulé : *La Chaumière Indienne* ; je ne sais rien de plus profond en moralité sensible que le tableau de la situation du Paria, de cet homme, d'une race maudite, abandonné de l'univers entier, errant la nuit dans les tombeaux, faisant horreur à ses semblables sans l'avoir mérité par aucune faute ; enfin, le rebut de ce monde, où l'a jeté le don de la vie. C'est là que l'on voit l'homme véritablement aux prises avec ses propres forces. Nul être vivant ne le secourt, nul être vivant ne s'intéresse à son existence ; il ne lui reste que la contemplation de la nature, et elle lui suffit ; c'est ainsi qu'existe l'homme sensible sur cette terre, il est aussi d'une caste proscrite, sa langue n'est point entendue, ses sentiments l'isolent, ses désirs ne sont jamais accomplis, et ce qui l'environne, ou s'éloigne de lui, ou ne s'en rapproche que pour le blesser. Oh Dieu ! faites qu'il s'élève au-dessus de ces douleurs dont les hommes ne cesseront de l'accabler ! faites qu'il s'aide du plus beau de vos présents, de la faculté de penser, pour juger la vie au lieu de l'éprouver ! et lorsque le hasard a pu combiner ensemble la réunion la plus fatale au bonheur, l'esprit et la sensibilité, n'abandonnez pas ces malheureux êtres destinés à tout apercevoir, pour souffrir de tout ; soutenez leur raison à la hauteur de leurs affections et de leurs idées, éclairez-les du même feu qui servait à les consumer !

4

DE LA BIENFAISANCE

L a philosophie exige de la force dans le caractère, l'étude, de la suite dans l'esprit ; mais malheur à ceux qui ne pourraient pas adopter la dernière consolation, ou plutôt la sublime jouissance qu'il reste encore à tous les caractères dans toutes les situations.

Il m'en a coûté de prononcer, qu'aimer avec passion, n'était pas le vrai bonheur ; je cherche donc dans les plaisirs indépendants, dans les ressources qu'on trouve en soi, la situation la plus analogue aux jouissances du sentiment ; et la vertu, telle que je la conçois, appartient beaucoup au cœur ; je l'ai nommé *bienfaisance*, non dans l'acception très-bornée qu'on donne à ce mot, mais en désignant ainsi toutes les actions de la bonté.

La bonté est la vertu primitive, elle existe par un mouvement spontané ; et comme elle seule est véritablement nécessaire au bonheur général, elle seule est gravée dans le cœur ; tandis que les devoirs qu'elle n'inspire pas, sont consignés dans des codes, que la diversité des pays et des circonstances peut modifier ou présenter trop tard à la connaissance des peuples. L'homme bon est de tous les temps, et de toutes les nations ; il n'est pas même dépendant du degré de civilisation du pays qui l'a vu naître ; c'est la nature morale dans sa pureté, dans son essence ; c'est comme la beauté dans la jeunesse où tout est bien sans effort. La bonté existe en nous comme le principe de la vie, sans être l'effet de notre propre volonté ; elle semble un don du ciel comme toutes les facultés, elle agit sans se connaître, et ce n'est que par la comparaison qu'elle apprend sa propre valeur. Jusques à ce qu'il eût rencontré le méchant, l'homme bon n'a pas dû croire à la possibilité d'une manière d'être différente de la sienne propre. La triste connaissance du cœur humain fait, dans le monde, de l'exercice de la bonté un plaisir plus vif ; on se sent plus nécessaire, en se voyant si peu de rivaux ; et cette pensée anime à l'accomplissement d'une vertu à laquelle le malheur et le crime offrent tant de maux à réparer.

La bonté recueille aussi toutes les véritables jouissances du senti-ment ; mais elle diffère de lui par cet éminent caractère où se retrouve toujours le secret du bonheur ou du malheur de l'homme ; elle ne veut, elle n'attend rien des autres, et place sa félicité toute entière dans ce qu'elle éprouve. Elle ne se livre pas à un seul mouve-ment personnel, pas même au besoin d'inspirer un sentiment réci-proque, et ne jouit que de ce qu'elle donne. Lorsqu'on est fidèle à cette résolution, ces hommes mêmes qui troubleraient le repos de la vie, si l'on se rendait dépendants de leur reconnaissance, vous donnent cependant des jouissances momentanées par l'expression de ce sentiment. Les premiers mouvements de la reconnaissance ne laissent rien à désirer, et dans l'émotion qui les accompagnent, tous les caractères s'embellissent ; on dirait que le présent est un gage certain de l'avenir ; et lorsque le bienfaiteur reçoit la promesse, sans avoir besoin de son accomplissement, l'illusion même qu'elle lui cause est sans danger, et l'imagination peut en jouir, comme l'avare des biens que lui procurerait son trésor, si jamais il le dépensait.

Il y a des vertus toutes composées de craintes et de sacrifices, dont l'accomplissement peut donner une satisfaction d'un ordre très-relevé à l'ame forte qui les pratique ; mais, peut-être, avec le temps découvrira-t-on que tout ce qui n'est pas naturel, n'est pas nécessaire, et que la morale, dans divers pays, est aussi chargée de superstition que la religion. Du moins en parlant de bonheur, il est impossible de supposer une situation qui exige des efforts perpé-tuels ; et la bonté donne des jouissances si faciles et si simples que leur impression est indépendante du pouvoir même de la réflexion. Si cependant l'on se livre à des retours sur soi, ils sont tous remplis d'espérance ; le bien qu'on a fait est une égide qu'on croit voir entre le malheur et soi ; et lors même que l'infortune nous poursuit, on sait où se réfugier, on se transporte par la pensée dans la situation heureuse que nos bienfaits ont procuré.

S'il était vrai que dans la nature des choses, il se fut rencontré des obstacles à la félicité parfaite que l'Être Suprême aurait voulu donner à ses créatures, la bonté continuerait l'intention de la Providence, elle ajouterait, pour ainsi dire, à son pouvoir.

Qu'il est heureux celui qui a sauvé la vie d'un homme ! il ne peut plus croire à l'inutilité de son existence, il ne peut plus être fatigué de lui-même. Qu'il est plus heureux encore celui qui a assuré la félicité d'un être sensible ! on ne sait pas ce qu'on donne en sauvant la vie, mais en vous arrachant à la douleur, en renouvelant la source de vos jouissances, on est certain d'être votre bienfaiteur.

Il n'est au pouvoir d'aucun événement de rien retrancher aux plaisirs que nous a valu la bonté. L'amour pleure souvent ses propres sacrifices, l'ambition voit en eux la cause de ses malheurs ; la bonté, n'ayant voulu que le plaisir même de son action, ne peut jamais s'être trompée dans ses calculs. Elle n'a rien à faire avec le passé, ni l'avenir ; une suite d'instants présents composent sa vie ; et son ame, constamment en équilibre, ne se porte jamais avec violence sur une époque, ni sur une idée ; ses vœux et ses efforts se répandent également sur chacun de ses jours, parce qu'ils appartiennent à un sentiment toujours le même, et toujours facile à exercer. Toutes les passions, certainement, n'éloignent pas de la bonté ; il en est une sur-tout qui dispose le cœur à la pitié pour l'infortune ; mais ce n'est pas au milieu des orages qu'elle excite, que l'ame peut développer et sentir l'influence des vertus bienfaisantes. Le bonheur qui naît des passions est une distraction trop forte, le malheur qu'elles produisent cause un désespoir trop sombre pour qu'il reste à l'homme qu'elles agitent aucune faculté libre ; les peines des autres peuvent aisément émouvoir un cœur déjà ébranlé par sa situation personnelle, mais la passion n'a de suite que dans son idée ; les jouissances, que quelques actes de bienfaisance pourraient procurer, sont à peine senties par le cœur passionné qui les accomplit. Prométhée, sur son rocher, s'apercevait-il du retour du printemps, des beaux jours de l'été ? quand le vautour est au cœur, quand il dévore le principe de la vie, c'est là qu'il faut porter ou le calme ou la mort. Aucune consolation partielle, aucun plaisir détaché ne peut donner du secours ; cependant, comme l'ame est toujours plus capable de vertus et de jouissances relevées, alors qu'elle a été trempée dans le feu des passions, alors que son triomphe a été précédé d'un combat, la bonté même n'est une source vive de bonheur que pour l'homme qui a porté dans son cœur le principe des passions.

Celui qui s'est vu déchiré par des affections tendres, par des illusions ardentes, par des désirs même insensés, connaît tous les genres d'infortunes, et trouve à les soulager, un plaisir inconnu à la classe des hommes qui semblent à moitié créés, et doivent leur repos seulement à ce qui leur manque. Celui qui par sa faute, ou par le hasard, a beaucoup souffert, cherche à diminuer la chance de ces cruels fléaux, qui ne cessent d'errer sur nos têtes, et son ame, encore ouverte à la douleur, a besoin de s'appuyer par le genre de prière qui lui semble le plus efficace.

La bienfaisance remplit le cœur comme l'étude occupe l'esprit ; le plaisir de sa propre perfectibilité s'y trouve également, l'indépendance des autres, le constant usage de ses facultés ; mais ce qu'il y a de sensible dans tout ce qui tient à l'ame, fait de l'exercice de la bonté une jouissance qui peut seule suppléer au vide que les passions laissent après elles ; elles ne peuvent se rabattre sur des objets d'un ordre inférieur, et l'abyme que ces volcans ont creusé, ne saurait être comblé que par des sentiments actifs et doux qui transportent hors de vous-même l'objet de vos pensées, et vous apprennent à considérer votre vie sous le rapport de ce qu'elle vaut aux autres et non à soi ; c'est la ressource, la consolation la plus analogue aux caractères passionnés, qui conservent toujours quelques traces des mouvements qu'ils ont domptés. La bonté ne demande pas, comme l'ambition, un retour à ce qu'elle donne ; mais elle offre cependant aussi une manière d'étendre son existence et d'influer sur le sort de plusieurs ; la bonté ne fait pas, comme l'amour, du besoin d'être aimé son mobile et son espoir ; mais elle permet aussi de se livrer aux douces émotions du cœur, et de vivre ailleurs que dans sa propre destinée : enfin, tout ce qu'il y a de généreux dans les passions se trouve dans l'exercice de la bonté, et cet exercice, celui de la plus parfaite raison, est encore quelquefois l'ombre des illusions de l'esprit et du cœur.

Dans quelque situation obscure ou destituée que le hasard nous ait jeté, la bonté peut étendre l'existence, et donner à chaque individu un des attributs du pouvoir, l'influence sur le sort des autres. La multitude de peines que savent causer les hommes les plus médiocres en tous genres, conduit à penser qu'un être généreux, quelle que fut sa position, se créerait, en se consacrant uniquement à la bonté, un intérêt, un but, un gouvernement, pour ainsi dire, malgré les bornes de sa destinée.

Voyez Almont, sa fortune est restreinte, mais jamais un être malheureux ne s'est adressé à lui sans que, dans cet instant, il ne se soit trouvé les moyens de venir à son aide, sans que, du moins, un secours momentané n'ait épargné à celui qui prie, le regret d'avoir imploré en vain ; il n'a point de crédit, mais on l'estime, mais son courage est connu ; il ne parle jamais que pour l'intérêt d'un autre ; il a toujours une ressource à présenter à l'infortune, et il fait plus pour elle que le ministre le plus puissant, parce qu'il y consacre sa pensée toute entière. Jamais il ne voit un homme dans le malheur qu'il ne lui dise ce qu'il a besoin d'entendre, que son esprit, son ame ne découvrent la consolation directe, ou détournée, que cette situation rend nécessaire, la pensée qu'il faut faire naître en lui, celle qu'il faut écarter, sans avoir l'air d'y tâcher. Toute cette connaissance du cœur humain, dont est née la flatterie des courtisans envers leurs souverains, Almont l'employe pour soulager les peines de l'infortuné ; plus on est fier, plus on respecte l'homme malheureux, plus on se plie devant lui. Si l'amour propre est content, Almont l'abandonne, mais s'il est humilié, s'il cause de la douleur, il le replace, il le relève, il en fait l'appui de l'homme que cet amour propre même avait abattu. Si vous rencontrez Almont, quand votre ame est découragée, sa vive attention à vos discours vous persuade que vous êtes dans une situation qui captive l'intérêt, tandis que, fatigué de votre peine, vous étiez convaincu, avant de le voir, de l'ennui qu'elle devait causer aux autres ; vous ne l'écouterez jamais sans que son attendrissement pour vos chagrins, ne vous rende l'émotion dont votre ame desséchée était devenue incapable ; enfin, vous ne causerez point avec lui, sans qu'il ne vous offre un motif de courage, et qu'ôtant à votre douleur ce qu'elle a de fixe, il n'occupe votre imagination par un différent point de vue, par une nouvelle manière de considérer votre destinée ; on peut agir sur soi par la raison, mais c'est d'un autre que vient l'espérance. Almont ne pense point à faire valoir sa prudence en vous conseillant ; sans vous égarer, il cherche à vous distraire ; il vous observe pour vous soulager ; il ne veut connaître les hommes, que pour étudier comment on les console. Almont ne s'écarte jamais, en faisant beaucoup de bien, du principe inflexible qui lui défend de se permettre ce qui pourrait nuire à un autre ; en réfléchissant sur la vie, on voit la plupart des êtres se renverser, se déchirer, s'abattre, ou pour leurs intérêts, ou seulement par indifférence pour l'image, pour la pensée de la douleur qu'ils n'éprouvent pas. Que Dieu récompense Almont, et puisse tout ce qui vit le prendre pour modèle ! c'est là l'homme, tel que l'homme doit désirer qu'il soit.

Sans vouloir méconnaître le lien sacré de la religion, on peut affirmer que la base de la morale, considérée comme principe, c'est le bien ou le mal que l'on peut faire aux autres hommes par telle ou telle action. C'est sur ce fondement que tous ont intérêt au sacrifice de chacun, et qu'on retrouve, comme dans le tribut de l'impôt, le prix de son dévouement particulier dans la part de protection qu'assure l'ordre général. Toutes les véritables vertus dérivent de la bonté, et si l'on voulait faire un jour l'arbre de la morale, comme il en existe un des sciences, c'est à ce devoir, à ce sentiment, dans son acception la plus étendue, que remonterait tout ce qui inspire de l'admiration ou de l'estime.

5

CONCLUSION

Je termine ici cette première partie, mais avant de commencer celle qui va suivre, je veux résumer ce que je viens de développer.

Quoi, va-t-on me dire, vous condamnez toutes les affections passionnées ? quel triste sort nous offrez-vous donc sans *mobile*, sans *intérêt* et sans *but* ? D'abord ce n'est pas du bonheur dont j'ai cru offrir le tableau : les alchimistes seuls, s'ils s'occupaient de la morale, pourraient en conserver l'espoir ; j'ai voulu m'occuper des moyens d'éviter les grandes douleurs. Chaque instant de la durée des peines morales me fait peur, comme les souffrances physiques épouvantent la plupart des hommes, et s'ils avaient d'avance, je le répète, une idée également précise des chagrins de l'ame, ils éprouveraient le même effroi des passions qui les y exposent. D'ailleurs, on peut trouver dans la vie un *intérêt*, un *mobile*, un *but*, sans être la proie des mouvements passionnés ; chaque circonstance mérite une préférence sur telle autre, et toute préférence motive un souhait, une action ; mais l'objet des désirs de la passion, ce n'est pas ce qui est, mais ce qu'elle suppose, c'est une sorte de fièvre qui présente toujours un but imaginaire qu'il faut atteindre avec des moyens réels, et mettant sans cesse l'homme aux prises avec la nature des choses, lui rend indispensablement nécessaire ce qui est tout-à-fait impossible.

Quand on vante le charme que les passions répandent sur la vie, c'est qu'on prend ses goûts pour des passions. Les goûts font mettre un nouveau prix à ce qu'on possède ou à ce qu'on peut obtenir ; mais les passions ne s'attachent dans toute leur force qu'à l'objet qu'on a perdu, qu'aux avantages qu'on s'efforce en vain d'acquérir. Les passions sont l'élan de l'homme vers une autre destinée, elles font éprouver l'inquiétude des facultés, le vide de la vie ; elles présagent, peut-être, une existence future, mais, en attendant elles déchirent celle-ci.

En peignant les jouissances de l'étude et de la philosophie, je n'ai pas prétendu prouver que la vie solitaire soit celle qu'on doit toujours préférer : elle n'est nécessaire qu'à ceux qui ne peuvent pas se répondre d'échapper à l'ascendant des passions au milieu du monde ; car on n'est pas malheureux en remplissant les emplois publics, si l'on n'y veut obtenir que le témoignage de sa conscience ; on n'est pas malheureux dans la carrière des lettres, si l'on ne pense qu'au plaisir d'exprimer ses pensées, et qu'à l'espoir de les rendre utiles ; on n'est pas malheureux dans les relations particulières, si l'on se contente de la jouissance intime du bien qu'on a pu faire, sans désirer la reconnaissance qu'il mérite ; et dans le sentiment même, si n'attendant pas des hommes la céleste faculté d'un attachement sans bornes, on aime à se dévouer sans avoir aucun but que le plaisir du dévouement même. Enfin, si, dans ces différentes situations, on se sent assez fort pour ne vouloir que ce qui dépend de soi seul, pour ne compter que sur ce qu'on éprouve, on n'a pas besoin de se consacrer à des ressources purement solitaires. La philosophie est en nous, et ce qui caractérise éminemment les passions, c'est le besoin des autres ; tant qu'un retour quelconque est nécessaire, un malheur est assuré ; mais l'on peut trouver dans les carrières diverses, où les passions se précipitent, quelque chose de l'intérêt qu'elles inspirent, et rien de leur malheur, si l'on domine la vie, au lieu de se laisser emporter par elle, si rien de ce qui est vous enfin ne dépend jamais ni d'un tyran au-dedans de vous-même, ni de sujets au-dehors de vous.

Les enfants et les sages ont de grandes ressemblances, et le chef-d'œuvre de la raison est de ramener à ce que fait la nature. Les enfants reçoivent la vie goutte à goutte, ils ne lient point ensemble les trois temps de l'existence ; le désir unit bien pour eux le jour avec le lendemain, mais le présent n'est point dévoré par l'attente, chaque heure prend sa part de jouissance dans leur petite vie : chaque heure a un sort tout entier indépendamment de celle qui la précède ou de celle qui la suit, leur intérêt ne s'affaiblit point cependant par cette subdivision ; il renait à chaque instant, parce que la passion n'a point détruit tous les germes des pensées légères, toutes les nuances des sentiments passionnés, tout ce qui n'est pas elle enfin, et qu'elle anéantit. La philosophie ne peut rendre, sans doute, les impressions fraîches et brillantes de l'enfance, son heureuse ignorance de la carrière qui se termine par la mort ; mais c'est cependant sur ce modèle qu'on doit former la science du bonheur moral, il faut descendre la vie, en regardant le rivage plutôt que le but. Les enfants, laissés à eux-mêmes, sont les êtres les plus libres, le bonheur les affranchit de tout ; les philosophes doivent tendre au même résultat par la crainte du malheur.

Les passions ont l'air de l'indépendance ; et dans le fait, il n'est point de joug plus asservissant ; elles luttent contre tout ce qui existe, elles renversent la barrière de la moralité, cette barrière qui assure l'espace au lieu de le resserrer, mais c'est pour se briser ensuite contre des obstacles toujours renaissants, et priver l'homme enfin de sa puissance sur lui-même. Depuis la gloire, qui a besoin du suffrage de l'univers, jusqu'à l'amour, qui rend nécessaire le dévoue-ment d'un seul objet, c'est en raison de l'influence des hommes sur nous que le malheur doit se calculer ; et le seul système vrai pour éviter la douleur, c'est de ne diriger sa vie que d'après ce qu'on peut faire pour les autres, mais non d'après ce qu'on attend d'eux. Il faut que l'existence parte de soi, au lieu d'y revenir, et que, sans jamais être le centre, on soit toujours la force impulsive de sa propre destinée.

La science du bonheur moral, c'est-à-dire d'un malheur moindre, pourrait être aussi positive que toutes les autres, on pourrait trouver ce qui vaut le mieux pour le plus grand nombre des hommes dans le plus grand nombre des situations ; mais ce qui restera toujours incertain, c'est l'application de cette science à tel ou tel caractère : par quelle chaîne, dans ce genre de code, peut-on lier la minorité, ni même un seul individu à la règle générale ? et celui qui ne peut s'y soumettre mérite également l'attention du philosophe. Le législateur prend les hommes en masse, le moraliste un à un ; le législateur doit s'occuper de la nature des choses, le moraliste de la diversité des sensations ; enfin, le législateur doit toujours examiner les hommes sous le point de vue de leurs relations entr'eux, et le moraliste consi-dérant chaque individu comme un ensemble moral tout entier, un composé de plaisirs et de peines, de passions et de raison, voit l'homme sous différentes formes, mais toujours dans son rapport avec lui-même.

Une dernière réflexion, la plus importante de toutes, reste donc à faire, c'est de savoir jusques à quel point il est possible aux ames passionnées d'adopter le système que j'ai développé. Il faut dans cet examen reconnaître d'abord, combien, des évènements semblables en apparence, diffèrent, selon le caractère de ceux qui les éprouvent. Il ne serait pas juste de vanter autant la puissance intérieure de l'homme, si ce n'était pas, par la nature et le degré même de cette force qu'on doit juger de l'intensité des peines de la vie. Tel homme est conduit par ses goûts naturels dans le port, où tel autre ne peut être porté que par les flots de la tempête ; et tandis que tout est calculé d'avance dans le monde physique, les sensations de l'ame varient selon la nature de l'objet et de l'organisation morale de celui qui en reçoit l'impression. Il n'y a de justice dans les jugements qui sont relatifs au bonheur, que si on les fonde sur autant de notions particulières qu'il y a d'individus qu'on veut connaître ; on peut trouver dans les situations les plus obscures de la vie des combats et des victoires, dont l'effort est au-dessus de tout ce que les annales de l'histoire ont consacré. Il faut compter dans chaque caractère les douleurs qui naissent des contrastes de bonheur ou d'infortune, de gloire ou de revers dont une même destinée offre l'exemple ; il faut compter les défauts au rang des malheurs, les passions parmi les coups du sort, et plus même, les caractères peuvent être accusés de singularité, plus ils commandent l'attention du philosophe ; les moralistes doivent être comme cet ordre de religieux placés sur le sommet du mont St. Bernard, il faut qu'ils se consacrent à reconduire les voyageurs égarés.

Excluant, jusqu'au mot de pardon, qui semble détruire la douce égalité qui doit exister entre le consolateur et l'infortuné ; ce n'est pas des torts, mais de la douleur qu'il importe de s'occuper ; c'est donc au nom du bonheur seul que j'ai combattu les passions. Considérant, comme je l'ai dit ailleurs, le crime et ses effets comme un fléau de la nature qui dépravait tellement l'homme, que ce n'était plus par la philosophie, mais par la force réprimante des lois qu'il devait être arrêté ; je n'ai examiné dans les passions que leur influence sur celui-même qu'elles dominent. Sous le rapport de la morale, sous le rapport de la politique, il existera beaucoup de distinctions à faire entre les passions viles et généreuses, entre les passions sociales et anti-sociales ; mais, en ne calculant que les peines qu'elles causent, elles sont presque toutes également funestes au bonheur.

Je dis à l'homme qui ne veut se plaindre que du sort, qui croit voir dans sa destinée un malheur sans exemple avant lui, et ne s'attache qu'à lutter contre les évènements ; je lui dis : parcourez avec moi toutes les chances des passions humaines, voyez si ce n'est pas de leur essence même, et non d'un coup du sort inattendu que naissent vos tourments. S'il existe une situation dans l'ordre des choses possibles qui puisse vous en préserver, je la chercherai avec vous, je tâcherai de contribuer à vous l'assurer ; mais le plus grand argument à présenter contre les passions, c'est que leur prospérité est peut-être plus fatale au bonheur de celui qui s'y livre que l'adversité même. Si vous êtes traversés dans vos projets pour acquérir et conserver la gloire, votre esprit peut s'attacher à l'événement qui, tout-à-coup, a interrompu votre carrière, et se repaître d'illusions, plus faciles encore dans le passé que dans l'avenir. Si l'objet qui vous est cher vous est enlevé par la volonté de ceux dont elle dépend, vous pouvez ignorer à jamais ce que votre propre cœur aurait ressenti, si votre amour, en s'éteignant dans votre ame, vous eût fait éprouver ce qu'il y a de plus amer au monde, l'aridité de ses propres impressions ; il vous reste encore un souvenir sensible, seul bien des trois quarts de la vie ; je dirai plus, si c'est par des fautes réelles dont le regret occupe à jamais votre pensée, que vous croyez avoir manqué le but où tendait votre passion, votre vie est plus remplie, votre imagination a quelque chose où se prendre, et votre ame est moins flétrie que si, sans évènements malheureux, sans obstacles insurmontables, sans démarches à se reprocher, la passion par cela seulement qu'elle est elle, eut, au bout d'un certain temps, décoloré la vie, après être retombée sur le cœur qui n'aurait pu la soutenir. Qu'est-ce donc qu'une destinée qui entraîne avec elle, ou l'impossibilité d'arriver à son but, ou l'impuissance d'en jouir ?

Loin de moi cependant ces axiomes impitoyables des ames froides et des esprits médiocres ; *on peut toujours se vaincre, on est toujours le maître de soi* ; et qui donc a l'idée non-seulement de la passion, mais même d'un degré de plus de passion qu'il n'aurait pas éprouvé, qui peut dire, là finit la nature morale ? Newton n'eût pas osé tracer les bornes de la pensée, et le pédant que je rencontre veut circonscrire l'empire des mouvements de l'ame ; il voit qu'on en meurt, et croit encore qu'on se serait sauvé en l'écoutant : ce n'est point en assurant aux hommes que tous peuvent triompher de leurs passions, qu'on rend cette victoire plus facile ; fixer leur pensée sur la cause de leur malheur, analyser les ressources que la raison et la sensibilité peuvent leur présenter ; est un moyen plus sûr, parce qu'il est bien plus vrai. Quand le tableau des douleurs est vivement retracé, quelles leçons peuvent ajouter à la force du besoin qu'on a de cesser de souffrir ? tout ce que vous pouvez pour l'homme infortuné, c'est d'essayer de le convaincre qu'il respirerait un air plus doux dans l'asyle où vous l'invitez ; mais si ses pieds sont attachés à la terre de feu qu'il habite, vous paraitra-t-il moins digne d'être plaint ?

J'aurai rempli mon but, si j'ai donné quelque espoir de repos à l'ame agitée ; si, en ne méconnaissant aucune de ses peines, en avouant la terrible puissance des sentiments qui la gouvernent, en lui parlant sa langue, enfin, j'ai pû m'en faire écouter ; la passion repousse tous les conseils qui ne supposent pas la douloureuse connaissance d'elle-même, et vous dédaigne aisément comme appartenant à une autre nature : je le crois cependant, mon accent n'a pas dû lui paraître étranger ; c'est mon seul motif pour espérer qu'à travers tant de livres sur la morale, celui-ci peut encore être utile.

Que je me repentirais néanmoins de cet écrit, si venant se briser, comme tant d'autres, contre la puissance terrible des passions, il ajoutait seulement à la certitude que croient avoir les ames froides de la facilité qu'on doit trouver à vaincre les sentiments qui troublent la vie ! Non, ne condamnez pas ces infortunés qui ne savent pas cesser de l'être ; vous, de qui leurs destinées dépendent, secourez-les, comme ils veulent être secourus ; celui qui peut soulager le malheur, ne doit plus penser à le juger, et les idées générales sont cruelles à l'homme qui souffre, si c'est un autre, et non pas lui, qui les applique à sa situation personnelle.

En composant cet ouvrage, où je poursuis les passions comme destructives du bonheur, où j'ai crû présenter des ressources pour vivre sans le secours de leur impulsion, c'est moi-même aussi que j'ai voulu persuader ; j'ai écrit pour me retrouver, à travers tant de peines, pour dégager mes facultés de l'esclavage des sentiments, pour m'élever jusques à une sorte d'abstraction qui me permit d'observer la douleur en mon ame, d'examiner dans mes propres impressions les mouvements de la nature morale, et de généraliser ce que la pensée me donnait d'expérience. Une distraction absolue étant impossible, j'ai essayé si la méditation même des objets qui

nous occupent, ne conduisait pas au même résultat, et si, en approchant du fantôme, il ne s'évanouissait pas plutôt qu'en s'en éloignant. J'ai essayé si ce qu'il y a de poignant dans la douleur
personnelle, ne s'émoussait pas un peu, quand nous nous placions
nous-mêmes comme une part du vaste tableau des destinées, où
chaque homme est perdu dans son siècle, le siècle dans le temps, et
le temps dans l'incompréhensible. Je l'ai essayé, et je ne suis pas sûre
d'avoir réussi dans la première épreuve de ma doctrine sur moi-
même ; serait-ce donc à moi qu'il conviendrait d'affirmer son absolu
pouvoir ? Hélas ! en s'approchant par la réflexion de tout ce qui
compose le caractère de l'homme, on se perd dans le vague de la
mélancolie ; les institutions politiques, les relations civiles vous
présentent des moyens presque certains de bonheur ou de malheur
public ; mais les profondeurs de l'ame sont si difficiles à sonder !
tantôt la superstition défend de penser, de sentir, déplace toutes les
idées, dirige tous les mouvements en sens inverse de leur impulsion
naturelle, et sait vous attacher à votre malheur même, dès qu'il est
causé par un sacrifice ou peut en devenir l'objet ; tantôt la passion
ardente, effrénée, ne sait pas supporter un obstacle, consentir à la
moindre privation, dédaigne tout ce qui est avenir, et poursuivant
chaque instant comme le seul, ne se réveille qu'au but ou dans
l'abyme. Inexplicable phénomène que cette existence spirituelle de
l'homme qui, en la comparant à la matière, dont tous les attributs
sont complets et d'accord, semble n'être encore qu'à la veille de sa
création, au chaos qui la précède !

Un seul sentiment peut servir de guide dans toutes les situations,
peut s'appliquer à toutes les circonstances, c'est la pitié : avec quelle
disposition plus efficace pourrait-on supporter et les autres et soi-
même ? L'esprit observateur et assez fort pour se juger, découvre
dans lui-même la source de toutes les erreurs. L'homme est tout
entier dans chaque homme. Dans quels égarements ne s'est pas
souvent perdue la pensée qui précède les actions, la pensée, ou
quelque chose encore de plus fugitif qu'elle ? il faut que ce secret
intime qu'on ne pourrait revêtir de paroles, sans lui donner une
existence qu'il n'a pas, il faut que ce secret intime serve à rendre
inépuisable le sentiment de la pitié.

On dit, qu'en s'abandonnant à la pitié, les individus et les gouvernements peuvent être injustes ; d'abord les individus d'une condition privée ne sont presque jamais dans une situation qui
commande de résister à la bonté ; les rapports avec les autres sont si

peu étendus, les évènements qui offrent quelque bien à faire, sont dépendants d'un si petit nombre de chances, qu'en se rendant difficiles sur les occasions qu'on peut saisir, on condamne sa vie à l'inutile insensibilité. Je ne sais pas une délibération plus importante que celle qui conduirait à se faire un devoir de causer une peine, ou de refuser un service en sa puissance ; il faut avoir si présent à la pensée la chaîne des idées morales, l'ensemble de la nature humaine ; il faut être si sûr de voir un bien dans un mal, un mal dans un bien. Non : loin de réprimer, à cet égard, les imprudences des hommes, on devrait plutôt les détourner de calculer autant les inconvénients des sentiments généreux, et de s'arroger ainsi un jugement que Dieu seul a droit de prononcer. Car c'est à la Providence que semble appartenir cette sublime balance où sont pesés les effets relatifs du bonheur et du malheur. Les hommes, pour lesquels il n'existe que des unités, des moments, des occasions, doivent rarement se refuser aux biens partiels qu'ils peuvent répandre. Les législateurs eux-mêmes gouvernent souvent à l'aide d'idées trop générales ; ce grand principe, que l'intérêt de la minorité doit toujours céder à celui de la majorité, dépend absolument du genre de sacrifices qu'on impose à la minorité ; car, en le poussant à l'extrême, on arriverait au système de Robespierre. Ce n'est pas le nombre des individus, mais les douleurs qu'il faut compter ; et si l'on pouvait supposer la possibilité de faire souffrir un innocent, pendant plusieurs siècles, il serait atroce de l'exiger pour le salut même d'une nation entière ; mais ces alternatives effrayantes n'existent point dans la réalité. Les vérités d'un certain ordre sont à la fois conseillées par la raison et inspirées par le cœur ; il est presque toujours de la politique d'écouter la pitié ; il n'y a pas de milieu entre elle et le dernier terme de la cruauté, et Machiavel, dans le code même de la tyrannie, a dit : *qu'il fallait savoir s'attacher ceux qu'on ne pouvait faire périr.*

On n'obéit pas long-temps aux lois trop sévères ; mais l'état qui les maintient, sans pouvoir les faire exécuter, a tous les inconvénients de la rigueur et de la faiblesse. Rien n'use la force d'un gouvernement comme la disproportion entre les délits et les peines ; il se présente alors comme un ennemi, tandis qu'il doit paraître comme le chef, comme le principe régulateur de l'Empire ; au lieu de se confondre, pour ainsi dire, dans votre esprit avec la nature des choses, il semble un obstacle qu'il faut renverser ; et l'agitation de quelques-uns, l'espoir qu'ils conservent, tout insensé qu'il est, de détruire ce qui les opprime, ébranle la confiance de ceux mêmes qui sont contents du gouvernement. Enfin, de quelque manière qu'on réfléchisse sur le sentiment de la pitié, on le trouve fécond en résultats prospères pour les individus et pour les nations, et l'on se persuade que c'est la seule idée primitive qui soit attachée à la nature de l'homme, parce que c'est la seule dont il ait besoin pour toutes les vertus, comme pour toutes les jouissances.

Une belle cause finale dans l'ordre moral, c'est la prodigieuse influence de la pitié sur les cœurs ; il semble que l'organisation physique elle-même soit destinée à en recevoir l'impression ; une voix qui se brise, un visage altéré, agissent sur l'ame directement comme les sensations ; la pensée ne se met point entre deux, c'est un choc, c'est une blessure, cela n'est point intellectuel, et ce qu'il y a de plus sublime encore dans cette disposition de l'homme, c'est qu'elle est consacrée particulièrement à la faiblesse ; et lorsque tout concourt aux avantages de la force, ce sentiment lui seul rétablit la balance, en faisant naître la générosité ; ce sentiment ne s'émeut que pour un objet sans défense, qu'à l'aspect de l'abandon, qu'au cri de la douleur ; lui seul défend les vaincus après la victoire, lui seul arrête les effets de ce vil penchant des hommes à livrer leur attachement, leurs facultés, leur raison même à la décision du succès ; mais cette sympathie pour le malheur est une affection si puissante, réunit tellement ce qu'il y a de plus fort dans les impressions physiques et morales, qu'y résister suppose un degré de dépravation dont on ne peut éprouver trop d'horreur.

Ces êtres seuls n'ont plus de droits à l'association mutuelle de misères et d'indulgence, qui, en se montrant sans pitié, ont effacé dans eux le sceau de la nature humaine : le remords d'avoir manqué à quelque principe de morale que ce soit, est l'ouvrage du raisonnement, ainsi que la morale elle-même ; mais le remords d'avoir bravé la pitié, doit poursuivre comme un sentiment personnel, comme un danger pour soi, comme une terreur dont on est l'objet ; on a une telle identité avec l'être qui souffre, que ceux qui parviennent à la détruire, acquièrent souvent une sorte de dureté pour eux-mêmes, qui sert encore, sous quelques rapports, à les priver de tout ce qu'ils pourraient attendre de la pitié des autres ; cependant, s'il en est temps encore, qu'ils sauvent un infortuné, qu'ils épargnent un ennemi vaincu, et, rentrés dans les liens de l'humanité, ils seront de nouveau sous sa sauve-garde.

C'est dans la crise d'une révolution qu'on entend répéter sans cesse, que la pitié est un sentiment puéril, qui s'oppose à toute action nécessaire, à l'intérêt général, et qu'il faut la reléguer avec les affections efféminées, indignes des hommes d'état ou des chefs de parti ; c'est au contraire au milieu d'une révolution que la pitié, ce mouvement involontaire dans toute autre circonstance, devrait être une règle de conduite ; tous les liens qui retenaient sont déliés, l'intérêt de parti devient pour tous les hommes le but par excellence : ce but, étant censé renfermer et la véritable vertu et le seul bonheur général, prend momentanément la place de toute autre espèce de loi : hors dans un temps où la passion s'est mise dans le raisonnement, il n'y a qu'une sensation, c'est-à-dire, quelque chose qui est un peu de la nature de la passion même, qu'il soit possible de lui opposer avec succès ; lorsque la justice est reconnue, on peut se passer de pitié ; mais une révolution, quel que soit son but, suspend l'état social, et il faut remonter à la source de toutes les lois, dans un moment où ce qu'on appelle un pouvoir légal, est un nom qui n'a plus de sens. Les chefs de parti peuvent se croire assez sûrs d'eux-mêmes pour se guider toujours d'après la plus haute sagesse, mais il n'y a rien de si funeste pour eux que des sectaires privés de l'instinct de la pitié ; d'abord ils sont par cela même incapables d'enthousiasme pour les individus ; ces sentiments tiennent l'un et l'autre, quoique par des rapports différents, à la faculté de l'imagination. La fureur, la vengeance s'allient, sans doute, avec l'enthousiasme, mais ces mouvements qui rendent cruels momentanément, n'ont point d'analogie avec ce qu'on a vu de nos jours, un système continuel, et, par conséquent, à froid de méconnaître toute pitié : Or quand cet affreux système existe dans les soldats, ils jugent leurs chefs tout comme leurs ennemis, ils conduisent à l'échafaud ce qu'ils avaient estimé la veille, ils appartiennent uniquement à la puissance d'un raisonnement, et dépendent par conséquent de tel enchaînement de mots qui se placera dans leurs têtes comme un principe et des conséquences. On ne peut gouverner la foule que par des sensations. Malheur donc aux chefs qui, en étouffant dans leurs partisans, tout ce qui est humain, tout ce qui est remuable enfin par l'imagination, ou le sentiment, en font des assassins raisonneurs, qui marchant au crime par la métaphysique, et les immolant au premier arrangement de syllabes qui sera pour eux de la conviction.

Cromwell retenait le peuple par la superstition, on liait les Romains par le serment, les Grecs se laissaient mener par l'enthousiasme qu'ils éprouvaient pour les grands hommes. Si l'espèce de sentiment national, qui faisait en France un point d'honneur de la générosité, de cette pitié des vainqueurs ; si cette espèce de sentiment ne reprend pas quelque puissance, jamais le gouvernement n'obtiendra un empire constant et volontaire sur une nation qui n'aura pas un instinct moral quelconque, par lequel on puisse l'entraîner et la réunir ; car qu'y a-t-il de plus divisant au monde que le raisonnement ?

Enfin, la pitié est encore nécessaire pour trouver un terme à la guerre intérieure ; il n'y a point de fin aux ressources du désespoir, et les discussions les plus habiles, et les victoires les plus sanglantes ne font qu'augmenter la haine ; une sorte d'élan de l'ame, tout composé d'enthousiasme et de pitié, arrête seul les guerres intestines, et rappelle également le mot de patrie à tous les partis qui la déchirent. Cette commotion produit plus en un jour que tous les écrits et les combinaisons politiques ; l'homme lutte contre sa nature, en voulant donner à l'esprit seul la grande influence sur la destinée humaine.

Et vous, Français, vous guerriers invincibles, vous, leurs chefs, vous, qui les avez dirigés et soutenus par vos intrépides ressources, c'est à vous tous à qui l'on doit les triomphes de la victoire ; c'est à vous qu'il appartient de proclamer la générosité ! Sans l'exercice de cette vertu, quelle palme nouvelle vous resterait-il encore à recueillir ? Vos ennemis sont vaincus, ils n'offrent plus aucune résistance, ils ne serviront plus à votre gloire, même par leurs défaites ; voulez-vous encore étonner ? pardonnez, vous êtes vainqueurs, la terreur ou l'enthousiasme prosternent à vos pieds plus de la moitié de l'univers ; mais qu'avez-vous fait encore pour le malheur, et qu'est-ce que l'homme, s'il n'a pas consolé l'homme, s'il n'a pas combattu la puissance du mal sur la terre ? La plupart des gouvernements sont vindicatifs, parce qu'ils craignent, parce qu'ils n'osent être cléments ; vous, qui n'avez rien à redouter, vous, qui devez avoir pour vous la philosophie et la victoire, soulagez toutes les infortunes véritables, toutes celles qui sont vraiment dignes de pitié ; la douleur qui accuse, est toujours écoutée ; la douleur a raison contre les vainqueurs du monde ; que veut-on, en effet, du génie, des succès, de la liberté, des républiques, qu'en veut-on, quelques peines de moins, quelques espérances de plus ? Vous, qui rentrerez dans vos foyers, ou dans une condition privée, que serez-vous, si vous ne vous montrez pas généreux ? des guerriers pendant la paix, des génies dans l'art de la guerre, alors que toutes les pensées se tourneront vers la prospérité de l'intérieur, et que les dangers passés laisseront à peine des traces. Attachez-vous à l'avenir par la vertu, fixez la reconnaissance par les bienfaits qui durent ; il n'est point de capitole, il n'est point de triomphes qui puissent ajouter à votre éclat ; vous êtes au pinacle de la gloire militaire, la générosité seule plane encore au-dessus de vos têtes. Heureuse situation que celle de la toute puissance, quand les obstacles n'existent plus au-dehors, quand la force est en soi-même, quand on peut faire le bien, sans qu'un motif étranger à la vertu vous anime, sans que le soupçon d'un tel motif puisse jamais vous approcher !

J'aurais pu traiter la générosité, la pitié ; la plupart des questions agitées dans cet ouvrage, sous le simple rapport de la morale qui en fait une loi, mais je crois la vraie morale tellement d'accord avec l'intérêt général, qu'il me semble toujours que l'idée du devoir a été trouvée, pour abréger l'exposé des principes de conduite qu'on aurait pu développer à l'homme d'après ses avantages personnels ; et comme, dans les premières années de la vie, on défend ce qui fait mal, dans l'enfance de la nature humaine, on lui commande encore ce qu'il serait toujours possible de lui prouver. Heureuse, si j'ai pu convaincre l'intérêt personnel ! heureuse aussi, si j'avais diminué de son activité, en présentant aux hommes une analyse exacte de ce que vaut la vie, une analyse qui démontrât que les destinées diffèrent entre elles bien plus par les caractères que par les situations, que les plaisirs que l'on peut éprouver, dans quelques circonstances que ce soit, sont soumis à des chances certaines, qui, à la longue, réduisent tout au même terme, et que ce bonheur qu'on croit toujours trouver dans les objets extérieurs, n'est qu'un fantôme créé par l'imagination, qu'elle poursuit après l'avoir fait naître, et qu'elle veut atteindre au-dehors, tandis qu'il n'a d'existence qu'en elle.

FIN

CRÉDITS

————

————

Printed in Great Britain
by Amazon